KB193480

부부 신학

부부 신학

초판 1쇄 인쇄 2025년 1월 23일
초판 1쇄 발행 2025년 2월 10일

지은이 권율
발행인 강영란
사업총괄 이진호

발행처 샘솟는기쁨
주소 서울시 중구 수표로2길 9 예림빌딩 402 (04554)
대표전화 02-517-2045
팩스(주문) 02-517-5125
홈페이지 https://blog.naver.com/feelwithcom
전자우편 atfeel@hanmail.net

편집 박관용 권지연
디자인 트리니티
제작 아이캔
물류 신영북스

979-11-92794-55-6 (03200)

부부 신학

A Theology for Married Couples

권율 지음

샘솟는 기쁨

『연애 신학』 후속편, 드디어 나오다

『연애 신학』이 출간된 지 벌써 5년째 접어들었다. 여전히 독자들에게 읽히고 사랑을 받고 있는 것 같아 참 기쁜 마음이다. 그동안 후속편은 언제 나오냐는 독자들의 불평을 자주 들었다. 그중에는 이미 결혼을 하고 아이를 키우는 커플도 있는데, 이제는 '연애 신학'의 관점으로 결혼생활에 관한 책을 읽고 싶다고 요청한다. 그래서 좀 늦은 감이 있지만 이제야 『부부 신학』을 세상에 내놓는다.

'부부 신학'이라는 말이 생경(生硬)할 것 같아 그 유래를 설명하고 싶다. 2023년 3월에 창원시 마산에 소재한 또감사교회(김영락 담임목사)에서 연애 신학을 강의한 적이 있다. 그런데 정작 강의를 들어야 할 미혼 커플은 없고 이미 결혼생활 중인 부부들만 거의 앉아 있었다. 나는 강의하다 말고 "여러분을 보니까 연애 신학을 강의하러 온 것 같지 않은데 강의 제목을 좀 바꾸어야 할 것 같다"고 농담조로 말했다. 그때 청중석에서 그냥 '부부 신학'이라고 하면 어떻겠냐는 제안을 했다. 한 번도 생각하지 않은 표현이지만 그날부터 나의 머릿속에서 맴돌기 시작했다. 안 그래도 후속작을 써야 하는데 제목을 어떻게 지을지 고민 중이었다. '결혼 신학'은 이미 존 파이퍼 책의 번역서(원제: *This Momentary Marriage*)에 붙어 있고 딱히 다른 표현이 생각나지 않던 차에 '부부 신학'이라는 표현이 눈에 들어온 것이다. 지면을 빌려 또감사교회에 특별히 감사의 말씀을 전한다.

『부부 신학』의 성격을 좀 설명하고 싶다. 우선 책 제목답게 결혼한 '부부'에 초점이 맞춰져 있다. 결혼 전반에 대한 신학적인 분석을 포함하지만, 결혼생활을 하는 부부가 실제로 어떻게 상호작용하며 서로에게 반응하는지를 집중적으로 다루었다. 이런 부분이 존 파이퍼의 『결혼 신학』과 구별된다고 할 수 있다. 결혼한 부부가 겪는 여러 상황과 문제들을 성경과 교리에 근거하여 진단하고 상담학적 접근을 시도한 것이 『부부 신학』의 내용이다.

또한 이 책은 실제적이고 실용적이다. 결혼에 대한 신학적인 해석과 함께 실제 사례에 큰 비중을 두고 있다. 저자가 여러 부부들을 직접 상담하며 느낀 부분들을 최대한 쉬운 언어로 정리한 것이다. 참고로, 이 책에 나오는 모든 인물들은 내담자 보호 차원에서 가명으로 처리했고 상담 내용도 불필요한 부분은 제외하고 최대한 단순화시켰다. 아마 당사자들도 자세히 읽지 않으면 인지하지 못할 수도 있다. 하지만 그 어떤 경우에도 저자의 허구적 상황 묘사가 없다는 점을 분명히 밝힌다.

사실 저자는 이 책을 쓸 자격이 별로 없다. 결혼 전에는 그런대로 남다르게 연애를 했지만, 결혼생활을 시작하면서 저자의 어릴 때 역기능 가정에서 비롯된 문제들을 수없이 직면해야 했다. 부모님의 실패한 결혼생활을 지켜보며 절대 본받지 않겠다고 다짐한 것이 종종 무색해질 정도였다. 나도 모르게 내 속에 숨겨진 아버지의 기질이 아내와 자녀들을 향해 불쑥 튀어나오는 걸 보고 소스라치게 놀란 적이 많다. 다행히 내가 경험한 하나님의 사랑 때문에 그런 역기능적 부분들이 점점 상쇄되어 갔다. 결혼 20년 차를 맞는 지금은 누가 봐도 다른 사람이 되어 있다. 하나님의 사랑과 아내의 끊임없는 배려심 덕분이다.

그래서 『부부 신학』의 절반은 사실상 아내의 공로이다. 원고를 마무리할 때 다른 사람보다 아내의 추천사가 더욱 필요하다는 걸 느꼈다. 아내는 허심탄회하고 아주 진솔하게 추천사를 써 주었다. 저자가 쓴 『부부 신학』의 내용이 독자들에게 진실되다는 것을 입증하는 효력이 되지 싶다. 아내의 추천사를 따로 구별하여 실어 놓았으니 꼭 읽어 보기 바란다.

각 장이 끝날 때마다 '나눔과 적용을 위한 질문'을 달아 놓았다. 부부를 위한 독서 모임을 가질 때 유용하게 활용할 수 있는 질문들이다. 이 질문들 외에 독자 스스로 질문거리를 만들어 얼마든지 자유롭게 독서 나눔을 하면 된다. 특히 부부가 함께 이 책을 읽고 서로 나눔을 하면서 영적 유익을 누린다면 더 큰 바람이 없을 것 같다. 그리고 이 책에 나오는 성경 구절들은 특별한 언급이 없으면 개역개정판에서 인용했음을 일러둔다. 이외에 본문의 뜻을 더 잘 드러낸다고 판단될 때는 여러 역본들을 다양하게 인용했다.

마지막으로 『부부 신학』이 나오기까지 수고해 주신 모든 분들에게 감사의 말씀을 드린다. 원고를 읽고 예쁜 책으로 만들어 주신 샘솟는 기쁨 대표님께 특별히 감사를 드린다. 그리고 바쁜 와중에도 원고를 읽고 추천사를 써 주신 강성호 목사님, 서상복 목사님, 윤성헌 목사님, 이애경 작가님, 제행신 사모님과 한지은 배우님께 진심으로 감사드린다. 누구보다 남편의 집필 사역을 적극 응원하며 '활발히' 내조하는 아내 손미애와 세 아들에게 이 책을 헌정한다.

저자 권율

차례

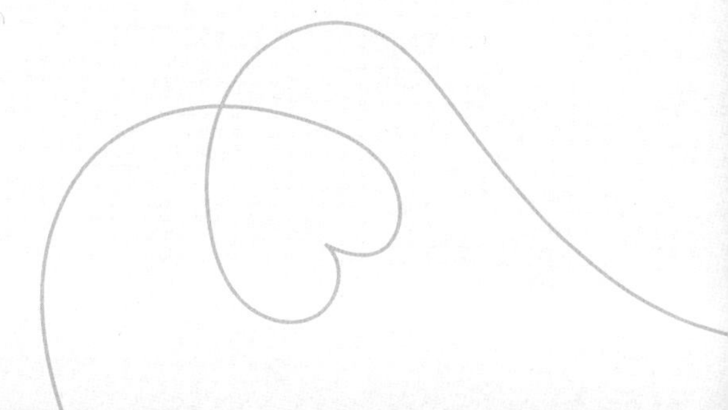

아내들이여, 주님을 바라보자

한 남자와 인생을 함께한다는 건 마치 낯선 세계를 모험하는 것 같다. 연애 때 성령님이 사랑의 콩깍지를 씌워 주신 덕분에 그 낯선 세계에 들어왔는데, 막상 살아 보니 결혼생활이 만만하지 않았다. 첫 아이를 출산하고 어느 날 제정신으로 돌아왔다. 내가 왜 이 자리에 있을까? 어쩌다가 사역자의 아내로 살아가는 걸까? 머릿속에 온갖 복잡한 생각들이 스쳐 갔지만 때는 이미 늦었다.

20년 차 접어든 결혼생활 중에 절반 이상의 세월 동안 남편과 자주 다투고 맞추는 인고(忍苦)의 과정이 있었다. 그 당시 나는 남편에게 우리 결혼생활이 '로또' 같다는 말을 자주 했다. 서로 맞는 게 하나도 없다는 뜻이다. 연애 때는 사랑에 눈이 멀어 잘 맞는다고 생각했는데 결혼생활의 힘든 현실 때문인지 남편과 안 맞는 부분부터 자꾸 눈에 보였다. 사역자 아내의 특성상 육아도 거의 혼자 하다시피 했으니 나의 말 못할 고충은 더욱 심해졌다.

그런데 지금은 참 행복하다. 목사의 아내이기 때문에 단지 '믿음으로' 그렇게 말하는 게 아니라 정말로 날마다 감사하는 마음이 넘친다. 물론 가끔은 서운한 마음이 들기도 하는데 그건 잠시 오해해서 생긴 해프닝일 뿐이다. 여자를 잘 몰랐던 무뚝뚝한 남편이 이제는 아내의 기분을 잘 풀어 주고 조금은(?) 가정적으로 변해 있다. 역시 인내하며 살아가다 보면 바뀌기도 하나 보다.

남편은 예전이나 지금이나 한결같은 구석이 있다. 하나님 앞에서 옳다고 생각하는 일에 변함없이 몰입하며 일상을 살아간다. 성경과 선교 외에는 삶의 재미를 못 느끼는 참 독특한 사람이지만, 어쩌면 그런 모습 때문에 나도 모르게 남편을 사랑하는 것일지도 모르겠다. 이전에는 남편의 그 한결같음이 무척 힘들었다. 12년 전까지 남편이 일중독처럼 사역하며 가정을 돌보지 않다가 이제는 그때만큼 바쁘게 사역하면서도 아내를 사랑할 줄 안다. 이 책에서 남편이 말하는 대로 일중독에서 사명자로 새롭게 거듭났기 때문이 아닐까? 나는 즉흥적이고 충동적인 기질인데, 이제는 남편의 그런 모습에서 안정감을 느낀다. 그래서 행복하다.

하나님 나라를 입버릇처럼 말하는 남편의 모습이 예전에는 딴 세상의 사람 같아 무척 낯설었다. 하지만 지금은 남편과 함께 하나님 나라를 꿈꾸며 일상을 살아가고 있다. 5년 전에 한 치의 의심 없이 필리핀

선교사로 나가려고 온 가족이 준비하다가 코로나 팬데믹으로 무산된 적이 있다. 그 후로 무작정 교회를 나와 국내에서 마치 선교사 가정처럼 살아가고 있다. 교회 사역자들에 비해 비록 생활은 안정되지 않아도 남편과 함께하는 지금의 일상에서 더 큰 보람을 느낀다. 목사의 아내이지만 때로는 일반 성도처럼 살아가는 모습이 그다지 나쁘지 않다.

남편이 『부부 신학』을 쓰면서 다른 추천사보다 특히 아내의 추천사가 필요하다고 했다. 안 그래도 『연애 신학』 독자들이 과연 아내는 책 내용에 얼마나 동의하고 공감하는지 궁금해한다고 한다. 자신 있게 말하지만, 나는 남편이 연애 시절에 써 준 그 독특한 편지에 감동을 받아 결혼하게 되었고, 지금도 『부부 신학』의 모든 내용에 진심을 다해 동의한다. 한국 교회의 모든 부부들이 이 책을 읽고 우리처럼 부부 관계를 아름답게 회복하면 좋겠다. 특히 아내들이여, 더 이상 남편에게 소망을 두지 말고 오직 주님을 바라보자. 그런 결심을 하고 나면 신기하게도 남편이 사랑스러워 보이게 될 것이다.

손미애

추천사

결혼의 신학적 깊이,
부부 관계의 거룩한 신비

결혼은 법적 선언에서 시작되지만, 부부가 되어 가는 과정은 단순하지 않습니다. 『부부 신학』은 이러한 결혼의 신학적 깊이를 통찰하며, 그리스도인 부부가 결혼생활 속에서 어떻게 하나님의 뜻을 살아낼 수 있는지에 대해 귀한 지침을 제시합니다. 부부 관계를 단순한 인간적 연합으로 보지 않고, 그리스도와 교회의 관계를 반영하는 거룩한 신비로 제시합니다. 특히 결혼과 이혼에 대한 기독교 윤리적 관점을 통해, 부부가 서로를 사랑하고 존중하며 하나님의 뜻을 이루어 가야 하는 이유와 방법을 다룹니다. 부부가 되어 가는 과정에 대한 칭의와 성화의 신학적 비유는 신앙생활과 결혼생활이 밀접히 연결되어 있음을 깨닫게 합니다.

신학적 깊이와 더불어 실제적인 적용을 놓치지 않으며, 결혼생활의 복잡다단한 문제에 대해 실천적인 지침을 제공하는 이 책은 결혼생활이 단순히 세속적 행복을 추구하는 것이 아니라, 하나님 나라를 증거하고 세상 속에서 거룩한 부부로 살아가는 소명임을 보여 주고 있습니다. 그리스도의 사랑을 실천하고자 하는 결혼을 앞둔 청년들과 그리스도인 부부들에게 빛과 같은 안내서가 될 것입니다.

강성호 목사 | 고려신학대학원 기독교윤리학 외래교수, 시광교회 부목사

저자 권율 목사님을 처음 만난 날을 잊을 수 없다. 인생의 빛깔이 '데칼코마니'였기 때문이다. 부부가 하나님 나라로 회복되기를 바라는 집필 목적도 닮았다. 부부는 서로 동역하면서 보이지 않는 하나님을 드러내고자 할 때 비로소 온전해진다. 저자 부부를 잘 알고 지내는데, 부부의 아름다운 하나 됨을 이 책 『부부 신학』에서 확인하기도 했다. 학문적 깊이는 물론 부부의 삶을 통해 하나님 나라를 이루는 방법을 온몸으로 전하고 있으며, 더구나 부부 상담 사례들을 풍성하게 다루고 있다.

'부부 신학'이라는 용어를 사용하여 부부 사이도 하나님 나라가 온전히 이루어져야 함을 강조하는 이 책은 신학적으로 깊이가 있다. 검증된 신학자와 저자의 저술들을 참고하여 하나님 사랑과 배우자 사랑이 서로 다르지 않음을 논증하고 있는데, 이 시대의 교회를 깨우고 부부를 회복시키는 데 아주 적합한 원리를 제공한다. 부부 권태기 극복법을 영적 권태기 극복법과 연결한 점, 이혼에 대한 성경적인 시각과 가이드라

인, 자녀 교육에서 부부의 친밀감과 하나님 나라에 대한 갈망이 얼마나 중요한지 잘 안내하고 있다. 가정 사역과 상담과 교육, 이 3가지에 평생 힘쓰는 사역자로서 『부부 신학』을 기쁜 마음으로 추천한다.

서상복 목사 | 해피가정사역연구소 소장, 『결혼 플랫폼』 저자

'부부 신학', '연애 신학'이 생경할지도 모릅니다. 기독교윤리학 박사과정에서 성윤리학을 공부하면서 '결혼 신학'을 대할 때도 '신학'을 아무 데나 붙일 수 있을까 하는 의문을 가졌습니다. 그때만 해도 복음주의권에서는 '신학'을 삶의 문제에 직결해서 사용하지는 않았습니다. 하지만 종교개혁의 전통을 따르는 개혁 신학에서는 구원과 삶에 있어 하나님의 절대주권을 고백하면서, 하나님의 백성들이 삶의 모든 영역에서 하나님을 영화롭게 하며 그분을 영원토록 즐거워하며 살도록 도전합니다. 다시 말해, 우리 삶의 전 영역이 하나님을 고백하며 그분의 다스림을 인정하는 예배의 삶이 되어야 하는 것을 의미합니다. 그러한 차원에서 부부 신학, 연애 신학은 적실하고 유효합니다.

『연애 신학』을 잇는 이 책 『부부 신학』은 하나님이 바라는 결혼생활과 부부 관계에 대한 성경적인 원리를 충실하게 드러냅니다. 이뿐 아니라 결혼생활에서 당면하는 상황과 문제들을 어떻게 하면 극복할지 사유와 지침을 제공합니다. 매일 맞닥뜨리는 결혼생활이 하나님을 예배하는 장이 되기를 바라는 크리스천에게 강력하게 권합니다.

윤성헌 목사 | 한국칼뱅아카데미 평생교육원 원장, 교회를위한신학포럼 총무

세상에서 가장 어려운 게 연애가 아닐까요. 교과서도 없고, 문제 해결 방식이 있는 것도 아니고, 정답도 없으니까요. 그런데 결혼은요, '어나더 레벨'(another level)입니다. 사랑의 완성이 결혼이고, 고생 끝 행복 시작인 줄 알던 믿음은 신혼 초부터 산산조각이 납니다. 갓 결혼한 부부에게는 사사건건 혼란이 찾아오고 '이 사람이 내가 알던 사람이 맞나?' 싶은 생각에 이릅니다. 결혼은 사랑의 완성이 아니라 시작점임을 배우지 못해서 그렇습니다.

결혼에 대해 지혜를 나눠 주는 선배가 있다면 부부라는 공동체로서의 여정은 훨씬 쉬워집니다. 이 책『부부 신학』이 그 역할을 합니다. 하나님을 사랑하는 것과 배우자를 사랑하는 것은 동일하다는 사실, 배우자를 대하는 것을 보면 나의 영적 상태를 가늠할 수 있다는 데 깊이 공감했습니다. 특히 하나님이 주시는 '거룩한 정서'는 결혼생활의 핵심입니다.

크리스천 싱글 연애 실용서『기다리다 죽겠어요』를 펴낸 뒤 기적적으로 결혼하고 10년이 지난 저희 부부의 사랑이 매 순간 더해지고 있음을 느낍니다. 저는 압니다. 이 사랑의 감정은 만들어 내는 것이 아니라 하나님이 주신 '거룩한 정서'라는 것을요. 그 비밀을 알면 겉 사람은 낡아지더라도 부부의 사랑은 날로 새로워질 수 있습니다.『부부 신학』을 통해 많은 크리스천 커플이 부부 관계에 대한 지혜를 얻고, 사랑으로 충만해지길 소망합니다.

이애경 작가 | 『기다리다 죽겠어요』 저자

신앙생활과 결혼생활은 어떤 관계일까? 이 책에서 "나의 영적 상태를 진단할 수 있는 시금석"은 "내가 배우자를 대하는 태도"라는 말에 고개를 끄덕이게 된다. 그렇지 않다면 우리는 신앙 따로, 삶 따로 분리된 채 신앙생활을 하고 있다는 증거일 것이다. 그렇다면 참된 결혼생활은 어떠해야 할까? 성도의 결혼은 하나님을 정점으로 하는 삼각관계이며 결혼생활을 지탱하는 건 '언약'이라는 전제야말로 세상의 결혼과는 구별되는 지점이다. 이 책은 결혼이 신학적으로 어떤 의미가 있는지, 결혼의 의미를 잘 정리해 준다. 전작 『연애 신학』이 이론적으로 탄탄하게 제시했다면 『부부 신학』은 실제 어떻게 작동될 수 있는지 안내한다.

역기능 가정에서 자랐고, 열정적인 일중독자였던 저자였기에 결혼생활을 더 치열하게 고민하고 이론과 실제를 이토록 정리할 수 있었을 것이다. "부부 신학의 모든 내용에 진심을 다해 동의한다", "남편이 점점 사랑스러워 보인다"는 아내의 고백에서 오직 주님을 바라보며 소망함을 향해 나아가는 두 분이 그려진다. 하나님을 향해 뜨겁게 나아가며 가까워지는 부부, 이 가정이 바로 하나님 나라, 세상 속에 드러나는 그리스도와 교회의 모습이다.

제행신 사모 | 『지하실에서 온 편지』 저자

저자의 『연애 신학』을 펼쳤을 때 아! 하는 탄식이 쏟아져 나왔습니다. 이 책을 먼저 보고 배우자를 선택했더라면 얼마나 좋았을까. 사실

저는 한 사람만 전도하고 있습니다. 그런 '아쉬움'을 가지고 목사님이 집필한 부부 이야기를 듣고 싶었습니다. 드디어 출간된『부부 신학』이 설레게 했습니다. 남자를 잘 알고 이해한다고 생각했지만, 자주 감정에 사로잡혀 남편의 말 한마디와 행동에 상처받고 서운해하며 원망하는 날이 잦았습니다. 게다가 그런 남편을 포기하고 감정을 억누른 채 지냈고, 그럴 때마다 기도했습니다. "하나님, 저 사람을 고쳐 주세요! 저는 하나님만 바라볼게요! 저는 하나님만 있으면 돼요!" 하지만 그런 기도가 얼마나 어리석은지 이 책을 통해 알게 되었습니다. 무엇보다 배우자와 무관한 하나님 사랑이 불가능함을 뼛속 깊이 깨달았습니다. 그래서 이제 하나님 안에서 제대로 된 사랑을 시작해 보려고 합니다. 지금도 길을 잃고 헤매는 아내들이여, 남편들이여! 다시 배우자를 사랑할 수 있는 길을 찾고 싶으면, 바로『부부 신학』을 읽고 활용해 보기 바랍니다. 결코 후회하지 않을 겁니다.

한지은 배우 | 서울 청운교회 집사

22여호와 하나님이 사람에게서 빼낸 갈비뼈를
여자로 만들어 사람에게 데려다주셨다. 23사람이
말했다.

"이는 드디어 내 뼈 중의 뼈, 내 살 중의 살이로구나!
여자라고 불러야지.
남자에게서 빼내셨으니까!"

24이런 까닭에 남편 될 사람이 자기 아버지와 자기
어머니를 떠나 자기 아내 될 사람과 어우러져서
살게 될 것이다. 그 둘이 하나의 몸이 될 것이다.

_창세기 2:22-24, 새한글

CHAPTER 1

참된 부부로 거듭나기

일중독 남편

그래도 하나님 사랑하는 거 아시죠?

하나님 사랑 & 배우자 사랑

영적 상태를 진단하는 시금석

하나님을 경외하며 적용하기

부부지만 부부로 되어 가야

하나님을 정점으로 하는 삼각관계

일중독 남편

2013년 5월 마지막 날이었다. 오전에 아내가 다급한 표정으로 말을 걸었다.

"여보, 병원에서 연락이 왔는데 나보고 위암이래."

"뭐라고?"

잠결에 깜짝 놀라서 일어났다. 불안해하는 아내를 진정시키고 다른 병원에서 다시 검사해 보자는 말로 애써 안심시켰다. 하지만 다른 병원에서도 결과는 동일했다.

아내의 위암 진단 소식은 운전 중에 급브레이크 페달을 밟는 기분이었다. 그동안 몰입했던 사역들을 반강제적으로 내려놓게 되었고, 비로소 아내에게 얼마나 무심했는가를 인지하게 되었다. 캠퍼스 선교단체 간사로 사역하면서 1년에 절반은 가족의 얼굴을 못 보고 살았다. 대학생들을 만나며 시간을 보내다가 밤늦게 들어오면 이미 잠들어 있었고, 또 아침에는 먼저 일어나 캠퍼스로 달려 나갔다. 방학 때도 각종 수련회와 모임으로 외박하기 일쑤였고, 모처럼 여유가 나면 피곤해서 하루 종일 시체처럼 널브러져 있었다.

이 모든 일상이 나에게는 하나님 나라를 위하는 '위대한' 사명이었다. 아내도 기쁜 마음으로 남편의 사역을 지지하며 가사와 육아에 힘쓰는 줄 알고 있었다.

하지만 그건 완벽한 착각이었다! 알고 보니 남편의 사역을 지지하는 건 목회자의 아내이기 때문에 어쩔 수 없이(?) 해야 했고, 가사와 육아도 남편의 도움 없이 힘겹게 버티는 수준이었다. 상황이 이 지경인데도 나는 고상한 사명감에 사로잡혀 더욱더 사역에 힘을 쏟고 있었다. 게다가 부부 사이에 얼마나 대화가 없었으면 아내의 마음이 상할 대로 상해 있었다. 마음을 나누는 대화를 언제 했는지 기억이 나지도 않았다. 아내가 위암에 걸렸다는 말을 듣고 그제야 아내의 말에 집중하게 되었다.

그동안 사명감에 불타 있는 줄 알았던 나는 사실상 일중독에 빠진 상태였다. 평소에 완벽을 추구하며 성취 지향적인 기질이 강하고, 일에 빠져 특히 배우자와 가정으로부터 도피하려는 성향이 강해지면 일중독 상태라고 보면 된다.[1] 당시에 내가 그런 상태였다.

사명감에 불타는 것과 일중독은 마치 이란성 쌍둥이 같다. 한 사람의 동일한 열정에서 각각 나오는데 다만 에너지의 방향이 다를 뿐이다. 불타는 사명감은 그 에너지를 사명을 주신 하나님께로 향하게 하는 반면, 일중독은 그 에너지를 일에 빠진 그 사람에게로 향하게 한다. 겉보기에는 둘 다 주목할 만한 결과물을 내기 때문에 그 내면과 동기를 살피지 않으면 분별하기가 쉽지 않다. 특히 그 일을 하는 당사자가 그렇다.

불타는 사명감은 에너지를 하나님께로 향하게 하기 때문에 하나님

★

1) 두산백과, "일중독증", 『네이버 지식백과』, https://terms.naver.com/entry.naver?cid=40942&docId=1225432&categoryId=32783 (2024년 12월 17일 검색).

을 사랑하는 마음을 더욱 커지게 한다. 하나님을 사랑하는 마음이 커지면 배우자를 사랑하는 마음도 비례해서 커진다. 하나님을 사랑하는 것과 배우자를 사랑하는 것이 절대 분리될 수 없기 때문이다. (여기에 대해서는 곧 자세히 다루겠다.) 따라서 불타는 사명감에 사로잡힐수록 배우자를 뜨겁게 사랑하는 마음에 사로잡힌다. 결혼생활의 목적 중의 하나가 하나님 나라를 위한 사명자 커플로 살아가는 것임을 알아야 한다.

반면에 일중독은 에너지를 일에 빠진 사람에게로 향하게 하기 때문에 그의 영혼은 내적 공허함에 시달리게 된다. 그의 내면은 자기 사랑으로 충만하게 된다. 우리의 내면은 하나님의 사랑으로만 채워질 수 있는 공간이 있다. 일중독은 그 공간을 자기 사랑으로 채우려고 하기 때문에 뭔가 채워지는 것 같다가도 그것이 하나님의 사랑이 아니기에 우리의 내면은 결국 공허해지게 된다.

이렇게 되면 배우자를 사랑할 수 있는 마음의 여유가 없어진다. 배우자를 향한 사랑이 하나님의 사랑에 기초하고 있기 때문이다. 하나님 사랑과 배우자 사랑은 언제나 연결되어 있어 어느 한쪽이 잘못되면 반드시 다른 한쪽도 잘못되기 마련이다.

12년 전의 내 모습은 정확히 일중독 상태였다. 왕성한 에너지를 나의 내면으로 향하게 하여 하나님 사랑이 아닌 자기 사랑으로 채우면서 이것이 마치 불타는 사명감인 양 착각하며 살았다. 일중독으로 자기 사랑에 빠진 내 영혼은 내적 공허함에 사로잡혀 배우자를 사랑할 수 있는 마음의 여유가 없었다.

이러한 내 모습을 인지하게 만든 인생 사건이 바로 아내의 위암 진단이었다. 다행히 훌륭한 의사를 만나 아내의 수술이 성공적으로 마쳤고 이제는 완치 판정을 받아 건강하게 살고 있다. 일중독 남편을 정신 차리게 만든 아내를 행복하게 하는 일이 이제 내 삶의 목적 중의 하나이다.

그래도 하나님 사랑하는 거 아시죠?

지금 돌이켜 보면, 12년 전 일중독 상태에 있었을 때 아내와의 관계는 정말 좋지 않았다. 그런데 나는 그렇게 생각하지 않았다. 아내와의 관계가 너무 좋으면 사명자로 살아가는 데 오히려 방해된다고 은연중에 생각했다. 이건 전형적인 유교적 사고방식이다. 즉, 부부는 유별(有別)하기 때문에 서로 친밀하기보다는 엄격한 구별이 있어, 특히 아내는 남편이 하는 일을 이해하고 잘 따라야 한다는 것이다.

이런 사고방식은 거의 필연적으로 나 같은 기질의 사람들을 일중독으로 몰아간다. 이렇게 되면 배우자와의 관계는 소원해지기 시작하고 친밀한 부부 관계는 기대하기가 어렵다. 아내는 그저 남편의 일에 방해되지 않아야 하는 부수적인 존재가 될 뿐이다.

당시에 아내가 힘들어하는 말을 애써 외면했다. 하나님 나라와 교회를 위해 그 정도 힘든 일은 기쁨으로 감당해야 하는 것이 사역자 아내의 본분이라고 생각했다. 아내가 아직 믿음이 부족하기 때문에 힘들어한다고만 생각했다. 이건 다름 아닌 대화의 단절이었다!

부부 사이에 대화가 단절되니까 관계가 안 좋아지는 건 당연한 결과였다. 서로 일상적인 대화 말고는 사랑의 '밀어' 같은 건 전혀 나눌 수 없었다. 사역 일정에 찌든 나는 아내에게 예민하게 반응했고, 아내도 육아에 지쳐 신경질적으로 반응했다. 이런 상태에서도 나는 신앙생활에 문제가 없다는 듯이 하나님께 기도했다.

하나님, 저 그래도 하나님 사랑하는 거 아시죠?

한동안 스스로 위안하면서 하나님이 나를 기뻐하신다고 확신했다. 아내는 몰라줘도 하나님만은 내 마음을 아시고 나와 함께하시며 나를 위로해 주신다고 굳게 믿었다. 왜냐하면 하나님이 시키신 사명을 충실하게 감당한다고 생각했으니까.

그런데 어느 날이었다. 그날도 아내와 관계가 틀어진 채 내 방에서 기도하고 있었다.

하나님, 저는 누구보다 열심히 살며 하나님이 주신 사명에 충성하고 있습니다. 지금 아내가 저를 이해하지 못해 힘들어하지만, 언젠가는 하나님께서 마음을 돌이켜 주실 줄 굳게 믿습니다. 아내와의 관계가 아무리 틀어져도, 제가 하나님만큼은 사랑하는 거 아시지요?

그 순간 내면으로부터 어떤 음성이 느껴지기 시작했다.

율아, 너의 가증스러운 기도를 당장 멈추지 못하겠니?

기도 중에 당황스러움을 감추지 못하고 이게 무슨 말인가 싶어 곰곰이 생각해 보았다. 내 기도가 왜 가증스러울까. 좀 더 진심을 담아내지 못한 걸까. 하지만 이유는 다른 데에 있었다.

하나님 사랑 & 배우자 사랑

하나님을 사랑하는 것과 배우자를 사랑하는 것은 결코 분리될 수 없다. 어느 의미에서 그 둘은 같은 것이다. 『연애 신학』에서도 다루었지만[2] 좀 더 자세하게 다루어 보겠다. 결혼식 주례 본문으로 자주 사용하는 에베소서 5장 31-32절 말씀을 보자.

31그러므로 사람이 부모를 떠나 그의 아내와 합하여 그 둘이 한 육체가
될지니 32이 비밀이 크도다 나는 그리스도와 교회에 대하여 말하노라

★

2) 권율, 『연애 신학』 (서울: 샘솟는기쁨, 2020), 38-40.

잘 알다시피 31절은 창세기 2장 24절을 바울이 인용한 것이고, 32절은 그 구절에 대한 주석이다. 다시 말해, 하나님이 남편과 아내의 결합이라는 결혼 제도를 만드셨는데(31절), 이것은 '큰 비밀'이라는 뜻이고 결혼이 큰 비밀인 이유는 궁극적으로 그리스도와 교회를 말하기 때문이다(32절). 쉽게 표현하자면, 결혼생활 중인 부부를 지켜보면 그리스도가 어떤 분이신지, 그분의 사랑을 받는 교회가 어떠해야 하는지 보여야 한다는 것이다.

결혼생활과 신앙생활은 따로 떼어 생각할 수 없다는 뜻이다. 신앙생활이란, 그리스도의 사랑을 받는 우리가 그분을 평소에 어떻게 섬기는지를 보여 주는 삶의 방식이다. 위 구절에서 보듯이, 이러한 신앙생활은 남편과 아내의 결혼생활이라는 큰 비밀과 항상 맞물려 있다. 쉽게 말해, 결혼생활을 보면 신앙생활을 알 수 있다는 뜻이다.

좀 더 개별적으로 구체화시켜 보면, 내가 배우자를 사랑하는 것과 내가 하나님을 사랑하는 것을 분리시킬 수 없다는 의미이다. 예수님도 일반적인 의미에서 그런 원리를 말씀하셨다. 마태복음 22장에 보면, 한 율법사가 예수님을 시험하려고 "선생님, 율법 중에서 어느 계명이 크니이까?"(36절)라고 물었을 때 예수님은 두 계명으로 요약해 주셨다.

37예수께서 이르시되 네 마음을 다하고 목숨을 다하고 뜻을 다하여
주 너의 하나님을 사랑하라 하셨으니 38이것이 크고 첫째 되는 계명
이요 39둘째도 그와 같으니 네 이웃을 네 자신 같이 사랑하라 하셨으

니 40이 두 계명이 온 율법과 선지자의 강령이니라 _마 22:37-40

예수님은 주 우리 하나님을 사랑하는 것이 "크고 첫째 되는 계명"이라고 말씀하신다. 그런데 "둘째도 그와 같으니"라고 말씀하신다. 둘째 계명은 곧이어 나오듯이 내 이웃을 내 자신처럼 사랑하는 것이다. 놀랍게도 예수님은 첫째 계명과 둘째 계명이 같다고 말씀하신다.

두 계명이 모든 측면에서 모든 내용들이 완전히 동일하다는 뜻은 아니다. 사랑하는 대상이 하나는 하나님이시고 하나는 사람인데, 어떻게 그 모든 측면과 내용들이 동일할 수 있겠는가? 헬라어 본문의 의미를 살려서 번역하면, "그런데 둘째 계명이 첫째 계명과 다를 바가 없다"(δευτέρα δὲ ὁμοία αὐτῇ)는 뜻이다. 하나님 사랑과 이웃 사랑이 모든 측면에서 완전히 동일한 것은 아니지만, 이웃을 사랑하는 것은 하나님을 사랑하는 것과 다를 바가 없다는 의미이다. 또한 둘 중에 어느 한쪽만을 사랑할 수도 없다는 의미이다. 배우자를 사랑하는 것 역시 이웃을 사랑하라는 둘째 계명에 포함된다. 따라서 배우자를 사랑하는 것은 하나님을 사랑하는 것과 다를 바가 없다!

"둘째 계명이 첫째 계명과 다를 바가 없다"는 말씀을 좀 더 세밀하게 묵상해 보면, 사랑의 원리를 하나 발견할 수 있다. 하나님 사랑과 이웃 사랑이 모든 측면에서 동일한 것은 아니라는 말은 사랑의 출처가 어디인지를 알려 준다. 이웃을 사랑하는 것은 하나님을 사랑하는 것으로부터 비롯된다는 말이다. 즉, 내가 이웃을 사랑하고 있다는 것은 지금 내가 하나님을 사랑하고 있기 때문에 가능하다는 것이다. (물론 거듭나지 못한 자연인은 일반적인 의미에서 이웃을 사랑한다고 말한다.) 정리하자면, 이웃을 사랑하는 것은 하나님을 사랑하는 것과 다를 바가 없지만, 그럼에도 이웃을 사랑하는 것은 하나님을 사랑하는 것에서 비롯된다는 말씀이다.

이런 원리를 다시 결혼생활에 적용해 보자. 내가 배우자를 사랑하고 있다는 것은 지금 내가 하나님을 사랑하고 있다는 뜻이다. 이 말을 뒤집어 적용하면 어떻게 되겠는가? 만일 내가 배우자를 사랑하고 있지 않으면, 이것은 하나님을 '제대로' 사랑하고 있지 않다는 의미가 된다.

앞서 하나님께 내 기도가 가증스럽다고 책망받은 경험을 소개했다. 12년 전 아내와의 관계가 틀어져 있는 상태에서 "그래도 저 하나님 사랑하는 거 아시지요?"라고 '울먹이며' 열심히 기도했던 내 모습을 하나님은 기뻐하지 않으셨다. 왜 그렇겠는가? 그 순간에 하나님을 사랑하는 나의 마음이 왜곡되어 있었기 때문이다.

배우자와 무관한 하나님 사랑이 가능한 줄 알았는데, 하나님은 그것이 불가능하다고 선언하셨다! 아내와 관계가 틀어져도 하나님은 내 마음을 위로하시고 "그래도 하나님을 사랑하는 내 마음"을 받아 주실 줄 알았는데, 그것이 불가능하다고 말씀하셨다. 지금 아내를 제대로 사랑하고 있지 않으면, 이것이 곧 하나님을 제대로 사랑하지 않는다는 말이기 때문이다.

앞서 언급한 에베소서 말씀을 연결해 보면 더욱 분명한 이유를 발견할 수 있다. 사도 바울은 남편과 아내의 관계를 통해 그리스도와 교회의 신비적 연합이 드러나야 한다고 했다. 그렇다면 부부 사이에 심각한 위기가 찾아온다면 어떻게 되겠는가? 그런 상태로는 그리스도가 어떤 분인지, 교회가 어떠해야 하는지를 결코 드러낼 수 없다. 도리어 그리스도를 모독하고 교회를 욕보이게 한다. 간단히 말해, 결혼생활에 문제가 생기면 이것이 곧 신앙생활의 문제로 이어진다. 이 둘은 맞물려 있다는 걸 기억해야 한다.

그렇기 때문에 배우자와 무관한 하나님 사랑은 불가능하다! 학부 시절에 유명한 설교자의 아이러니를 보았다. 탁월한 스피치와 해박한 지식으로 청년들에게 설교하면서 이혼 경력을 말하는데 뭔가 자랑스러워하는 듯했다. 결혼생활 중에 아내의 영적 상태가 자기 기준에 도무지 아니라고 판단한 나머지 이혼을 결심했다는 것이다. 그분의 설교가 참 은혜스럽다가도 그 한마디에 완전히 마음의 문이 닫혀 버렸다. 내 귀에는 그리스도와 교회의 관계가 그런 식으로 끊어질 수도 있다는 것처럼 들렸다. 그리스도는 당신의 신부인 교회가 온전치 못해도 절대 버리시지 않는다! 아무튼 그 설교자는 하나님과 설교자의 관계가 결혼생활을 통해 입증되어야 한다는 에베소서 말씀을 정면으로 위배한 것이다.

영적 상태를 진단하는 시금석

영적 상태를 진단할 수 있는 시금석이 무엇이겠는가? 다름 아닌 현재 배우자를 대하는 태도를 보면 나의 영적 상태를 알 수 있다. 그리스도와 교회의 관계, 즉 하나님과 나와의 관계가 남편과 아내의 관계를 통해 입증되기 원하시는 그분의 섭리를 떠올려 보라.

이 비밀이 크도다 나는 그리스도와 교회에 대하여 말하노라 _엡 5:32

아내에게 함부로 하고 있는가? 당신은 아내를 지으신 하나님께 그런 마음을 품고 있음을 알아야 한다! 남편을 은연중에 무시하고 있는가? 당신은 남편을 지으신 하나님께 그런 마음을 품고 있음을 알아야 한다!

이것이 지나친 적용으로 보이는가? 그렇지 않다. 예수님은 부부 관계뿐만 아니라 모든 관계에서 우리가 형제자매에게 행한 것을 당신에게 행한 것으로 적용하신다. 마태복음 25장 31절에 보면, 예수님은 영광스러운 모습으로 모든 천사들과 함께 이 세상에 다시 오신다고 말씀하셨다. 그때 모든 사람을 당신 앞에 모으시고, 영생에 들어갈 의인들과 영벌에 처해질 악인들을 구분하실 것이다. 평소에 형제자매들을 살피며 그들의 배고픔과 목마름을 채워 준 의인들에게 예수님은 이렇게 말씀하셨다.

> 내가 진실로 너희에게 이르노니 너희가 여기 내 형제 중에 지극히 작은 자 하나에게 한 것이 곧 내게 한 것이니라 _마 25:40

그들이 형제의 배고픔과 목마름을 채워 준 일이 곧 예수님께 행한 일이라는 뜻이다. 위 말씀에서 보듯이 예수님은 "지극히 작은 자 하나"와 당신 스스로를 동일시하신다. 왜 그렇게 하시겠는가? 지극히 작은 자 하나가 당신 몸의 일부이기 때문이다. "여기 내 형제"라는 표현은 그리스도의 피로 맺어진 모든 신자들을 가리킨다.[3] 즉, 그리스도의 몸 된 교회를 말한다. 그렇기 때문에 예수님은 "여기 내 형제 중에 지극히 작은 자 하나"라도 당신 자신처럼 생각하신다.

그렇다면 위 말씀을 뒤집으면 어떻게 되겠는가? 지극히 작은 자 하나에게 하지 않은 것은 곧 예수님께 하지 않은 것이 된다. 실제로 예수님이 그렇게 말씀하셨다.

> 내가 진실로 너희에게 이르노니 이 지극히 작은 자 하나에게 하지 아니한 것이 곧 내게 하지 아니한 것이니라 _마 25:45

예수님은 악인들에게 "내가 주릴 때에 너희가 먹을 것을 주지 아니하였고 목마를 때에 마시게 하지 아니하였고 / 나그네 되었을 때에 영

★

3) 양용의, 『마태복음 어떻게 읽을 것인가(개정판)』 (서울: 한국성서유니온선교회, 2018), 498.

접하지 아니하였고 헐벗었을 때에 옷 입히지 아니하였고 병들었을 때와 옥에 갇혔을 때에 돌보지 아니하였느니라"고 말씀하셨다(25:42-43). 당신께서 결코 주리거나 목마르지 않으시는데도 그리스도의 몸 된 "지극히 작은 자 하나"가 그런 상태에 처하게 되면, 그 즉시 당신 스스로가 그런 상태인 것으로 간주하신다는 뜻이다.

그렇다면 이제 곰곰이 생각해 봐야 한다. 그리스도와 교회의 관계를 가장 깊고 가장 은밀한 방식으로 드러내는 것이 남편과 아내의 관계, 즉 부부 관계이다. 예수님이 당신 안에 있는 모든 형제자매에게 그런 원리(자신과 동일시하는)를 적용하셨다면, 하물며 부부 관계에 있어서는 그런 원리가 더욱더 적용되어야 하지 않겠는가?

남편과 아내도 엄연히 그리스도의 몸 된 일부이기 때문에 예수님이 말씀하신 "지극히 작은 자 하나"가 부부에게도 당연히 적용된다. 이제 스스로가 그리스도의 몸의 일부라고 믿는 남편과 아내들은 진지하게 자문해 보기 바란다. 당신의 배우자와 예수님 스스로를 동일시하시는 그분의 심정이 느껴지는가? 당신의 배우자에게 행한 일이 예수님께 행한 일이라고 인정하겠는가? 또한 당신의 배우자에게 하지 않은 일이 예수님께 하지 않은 일이라고 인정하겠는가?

누구보다 12년 전의 나에게 적용해 보면 정말 끔찍한 말씀으로 다가온다.

내가 힘들고 외로울 때 너는 나와 함께하지 않았고, 내가 위암에 걸린

줄도 모르고 아이들을 키울 때 너는 도와주지 않았고, 너를 배려하는 마음으로 참고 견디며 눈물을 흘릴 때에도 너는 내 눈물을 계속 외면하였다.

예수님을 믿는 남편과 아내에게 권면을 드린다. 자신의 영적 상태를 진단하고 싶으면, 자신이 배우자를 어떻게 대하는지 살펴보라는 것이다. 배우자를 향한 자신의 태도가 곧 하나님을 향한 태도이다. 사실 자신이 봐서는 잘 모른다. 진지하게 배우자에게 물어보면 정확히 알 수 있다. 그리스도 안에서 당신과 함께 살아서 행복하다는 대답을 듣는다면, 그 사람의 영적 상태는 하나님의 사랑으로 충만한 상태이다. 하나님을 사랑하는 자신의 마음이 배우자에게 행복감으로 전달되기 때문이다.

배우자가 대답하기를 주저하거나 화제를 돌린다면 자신의 영적 상태를 심각하게 재고해 봐야 한다. 직설적으로 표현하자면, 당신이 하나님을 그다지 사랑하지 않기 때문에 그리스도의 몸인 배우자를 그다지 사랑하지 않는 것이다. 당신의 배우자와 그리스도 자신을 동일시하시는 그분의 마음을 헤아려야 한다.

하나님을 경외하며 적용하기

배우자와 그리스도 자신을 동일시하는 원리를 적용할 때 주의할 점이 있다. 배우자의 어떠한 상태에도 불구하고 그(녀)에게 무조건 맞추라는 의미가 아니다. 성도의 결혼생활은 하나님을 정점으로 하는 삼각관계이다.[4] 인류 최초의 결혼식 때부터 하나님은 아담과 하와를 부부로 짝지으시며 그런 관계로 설정하셨다. 즉, 하나님 앞에서 하나님을 늘 인식하는 가운데 서로에게 배우자로 존재하게 하셨다.

그렇다면 우리는 배우자와 그리스도 자신을 동일시하는 원리를 결혼생활에 적용할 때 서로가 하나님을 경외하는 태도를 지녀야 한다. 사도 바울도 "그리스도를 경외함으로 피차 복종하라"(엡 5:21)고 권면했다. (공교롭게 이 권면에 이어 바로 아내와 남편을 향한 권면이 나온다.) 서로에게 복종하더라도 하나님이신 그리스도를 경외하는 상태에서 복종하라는 것이다.

남편이 하나님을 경외하지 않는데도 아내가 무조건 남편에게 맞추고 복종하게 되면 어떤 일이 일어나겠는가? 남편의 불순한 의도에 아내가 이용당할 가능성이 크다. 아내가 하나님을 경외하지 않는데 남편이 무조건 아내에게 맞추고 살면 어떻게 되겠는가? 당장은 아내가 좋아할지 모르지만 남편 역시 아내의 의도대로 이용당할 가능성이 크다.

★

4) 권율, 『연애 신학』, 113.

하나님은 당신을 경외하는 상태에서 남편과 아내가 서로 끊임없이 맞춰 가길 원하신다. 배우자와 그리스도 자신을 동일시하는 원리를 적용할 때 반드시 기억해야 할 부분이다. 남편도 그리스도의 몸이요, 아내도 그리스도의 몸이기 때문에 남편과 아내는 모두 그리스도를 바라봐야 한다. 서로 안에 있는 그리스도의 형상을 바라보고 그분이 당신을 바라보시는 그 눈으로 서로를 용납하고 사랑하기를 힘써야 한다. 이러한 상태를 전제로 해야만 배우자와 그리스도 자신을 동일시하며 당신의 영적 상태를 배우자로부터 정확히 진단받을 수 있다.

부부지만 부부로 되어 가야

부부만큼 신기하고 희한한 관계도 없는 것 같다. 사랑해서 결혼했는데도 어느 순간에 뒤틀리기 시작하면 언제 봤냐는 듯이 싸우다가 심지어 남남으로 갈라서기도 한다. 그 이유가 무엇일까? 부부가 되었지만 부부로 되어 가지 못했기 때문이다.

무슨 말인가 하면, 부부라는 '법적 관계'로 진입했지만 부부라는 '실제 관계'로 살아 내지 못한 것이다. 부부가 되는 순간만 중요한 게 아니라 부부로 지속되는 과정이 더욱더 중요하다. 이것은 결혼식과 결혼생활이 다르다는 말과 같다. 결혼식은 부부가 되게 하는 '한 날'이지만, 결혼생활은 부부로서 실제로 살아 내는 인생의 '오랜 기간'이다.

이러한 특성은 우리의 신앙생활에도 그대로 적용된다. 신앙생활은 우리의 신랑 되신 예수님과 신부 된 우리의 영적 결혼생활이다. 성경은 하나님이신 예수님과 교회인 우리의 관계를 남편과 아내의 관계로 자주 비유한다.[5)]

영적 결혼생활은 죄인이 거룩하신 예수님과 한 몸을 이루어 살아 내는 과정이다. 이것이 가능하려면 먼저 죄인이 하나님께 죄 사면을 받고 의인으로 인정받는 구원의 은혜를 경험해야 한다. 이것을 신학 용어로 '칭의'(稱義, justification)라고 하는데 우리의 법적인 신분을 나타내는 용어이다. 즉, 예수님과 우리가 한 몸을 이루었다는 법적 선언이며, 신랑 되신 그분이 우리를 당신의 신부로 받아들이시는 최초의 순간이다.

이것으로 끝나지 않는다. 신랑 되신 그분과 신부 된 우리가 실제로 한 몸으로서 살아 내야 하는 과정이 곧바로 시작된다. 이것은 그분처럼 우리가 거룩하게 되는 과정이라 하여 '성화'(聖化, sanctification)라고 한다. 칭의는 순간적이고 법적인 선언이지만 성화는 지속적이고 실제적인 변화이다.

마찬가지로 부부는 서로에게 배우자가 되었음을 알리는 법적 선언(성혼 공포)이라는 순간이 있고, 이때부터 부부로 되어 가는 과정이 시작된다. 특히 결혼을 앞두고 있거나 막 결혼생활을 시작한 신랑 신부

★

5) 사 54:5; 렘 3:14; 호 2:16; 마 9:15; 요 3:29; 고후 11:2.

는 이 둘을 구별할 줄 알아야 한다. 결혼하는 순간을 결혼생활을 다 이룬 것처럼 착각해서는 곤란하다. 결혼식 때 신랑 신부의 모습은 완성된 배우자가 아니라, 그때부터 서로에게 실제 배우자가 되어 가야 하는 상태이다.

우리의 신앙도 마찬가지이다. 예수님을 믿고 거듭나는 순간에 하늘의 천사들처럼 단번에 거룩해지는 것이 아니다. 다시 말해, 그리스도를 신랑으로 모시는 교회가 그분의 신부가 되는 그 순간에 온전한 상태로 변화되지는 않는다. 거듭나는 즉시 영광스러운 신분을 가졌지만, 그 신분에 걸맞은 온전한 상태가 되도록 계속 거룩해져야 한다.

이러한 신학적 원리가 부부 관계에 그대로 적용되는 것이 어찌 보면 당연한 것 같다. 남편과 아내의 관계를 통해 그리스도와 교회의 관계를 드러내시려는 그분의 섭리(엡 5:31-32)가 작용하기 때문이다. 즉, 부부라는 법적 관계로 진입한 남편과 아내가 실제 부부로 되어 가는 오랜 과정을 통해, 그리스도의 법적 신부가 된 교회가 실제로 어떻게 거룩한 교회로 되어 가는지 보여 줘야 한다.

신랑 신부는 부부가 되는 순간만 중요하게 생각하지 말고 일평생 부부로서 어떻게 살아 낼지를 두고 진지하게 배워야 한다. 다시 말해, 부부가 되었지만 부부로 되어 가야 한다는 말인데, 이것은 신앙생활의 원리와 맞물려 있다. 따라서 결혼생활을 잘하는 비결은 신앙생활을 잘하는 데 있다. 반대의 경우도 그대로 성립한다. (사실 이 경우를 더 강조해야 한다.) 신앙생활을 잘하는 비결은 결혼생활을 잘하는 데 있다. 왜 그렇겠는가? 하나님 사랑과 배우자 사랑이 분리될 수 없기 때문이다.

하나님을 정점으로 하는 삼각관계

성도의 결혼은 하나님을 정점으로 하는 삼각관계이다. 결혼 전 연애 상태에도 적용되는 말이다. 교인들이 결혼생활을 힘들어하거나 실패하는 이유는 남편과 아내라는 수평적 관계만 생각하기 때문이다.

부부는 하나님과의 수직적 관계를 늘 생각하고 있어야 한다. 우리의 존재 자체가 그렇게 창조되었다. 『연애 신학』에 나오는 사랑의 삼각도[6]를 소개한다.

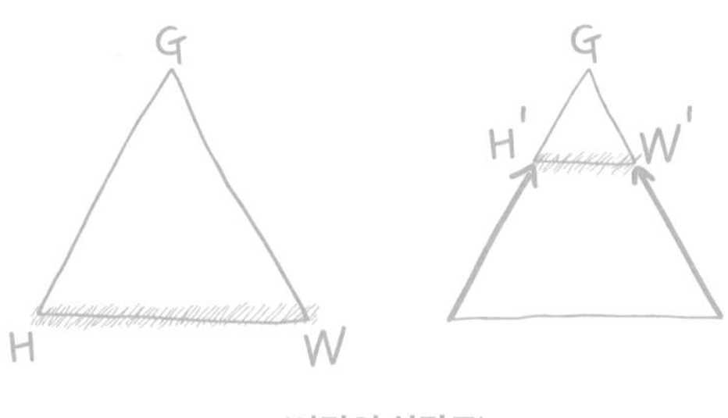

〈사랑의 삼각도〉

이미 짐작했듯이, 세 꼭짓점은 각각 하나님(God)과 남편(Husband)과 아내(Wife)를 나타낸다. 남편과 아내는 수평적으로 연합을 이루지만,

★

6) 권율, 『연애 신학』, 112.

그림에서 보듯이 또한 남편과 아내는 수직적으로 하나님과 각각 연합을 이루고 있다. (물론 그림에서는 수직이 아니고 60°를 이룬다.) 하나님을 정점으로 하기 때문에 남편과 아내는 일대일의 관계가 아니라 언제나 삼각관계에 놓여 있다.

사랑의 삼각도는 부부 사이의 거리 변화를 잘 보여 준다. 남편과 아내가 더욱 친밀해지려면 정점에 계신 하나님께 가까이 가야 함을 알 수 있다. 오른쪽 그림에서 남편(H)과 아내(W)가 각각 하나님(G)께로 더 나아갔더니, 선분 H′W′가 선분 HW보다 더 짧아졌다는 걸 알 수 있다. 즉, 부부 사이가 더 가까워졌다는 말이다. 반대로 남편과 아내가 각각 하나님께로부터 더 멀어지면, 부부 사이의 거리도 더 멀어진다는 걸 또한 알 수 있다.

그 이유가 무엇이겠는가? 남편이 하나님과 영적 친밀감을 추구하면 그 에너지로 아내를 더욱 사랑하기 때문이다. 마찬가지로 아내가 하나님과 영적 친밀감을 잘 누리면 그 에너지로 남편을 더욱 사랑하기 때문이다.

연애 때나 신혼 초기에는 반대로 인식하려는 경향이 짙다. 사랑 호르몬 분비에 따른 성적 각성 상태가 하나님과의 영적 친밀감, 즉 '영적 각성 상태'를 집어삼킬 정도로 강력해지기 때문이다. 그래서 하나님으로부터 멀어져 서로를 향해 강렬하게 이끌린다고 생각한다. 실제로는 그렇지 않은데도 말이다. 이런 상태는 생각보다 오래가지 않는다. 사랑 호르몬 분비는 갈수록 줄어들기 때문에 시간이 지나면 결국 자기 안에 내재된 에너지로 서로를 열정적으로 사랑할 수 없음을 깨닫는다.

결국 사랑의 원천이신 하나님을 갈망하게 된다. 하나님의 사랑이 성령을 통하여 자기 마음에 부어지기를 간절히 소망한다(롬 5:5). 만약 이런 소망이나 갈망이 전혀 없다면 그 사람의 신앙에 심각한 문제가 있는 상태이다. 우리는 성령께서 부어 주시는 그 사랑으로 배우자를 사랑할 수 있는 힘을 얻어야 한다. 처음에는 부부의 사랑이 부부의 관계를 지탱하는 줄 알았는데, 알고 보니 하나님의 사랑이 부부의 관계를 유지시키는 것이다.

나눔과 적용을 위한 질문

1. 직장 일에 과몰입하여 배우자와 자녀를 회피하고 싶은 마음이 있었다면 어떤 상황이었는지 구체적으로 말해 보라.

2. 사명감과 일중독의 차이점을 자유롭게 나누어 보라.

3. 배우자를 어떻게 사랑하고 있는가? 그 마음가짐과 태도가 하나님을 대하는 당신의 영적 상태임을 인정하는가?

4. 부부가 되었다는 법적 사실에 만족하는가? 실제로 부부가 되어 가기 위해 구체적인 노력이 있는가? 성경이 말하는 부부로 살아가는지 진솔하게 말해 보라.

CHAPTER 2

변할 수 있는 부부의 사랑

부부의 사랑이 변하지 않는다?

부부 사이에 사랑의 의지란?

부부의 사랑이 아니라 언약 때문이다

결혼하면 남자는 변한다?

결혼하면 여자가 변한다!

부부의 사랑이 변하지 않는다?

상담을 하다 보면 "우리 그이는 연애 때나 지금이나 한결같아요!"라고 말하는 아내가 있다. 또 "우리 자기는 연애 때처럼 지금도 나를 사랑하고 있어요!"라고 확신하는 남편이 있다. 그런 말들이 진심이면 두말할 나위 없이 좋겠지만 그렇지 않은 경우가 많다. 사실 갈등을 피하기 위해 어느 한쪽이 일방적으로 참으며 자신을 '죽이고' 있을 확률이 높다.

부부의 사랑이 변하지 않을 거라는 이상적 바람에서 우리는 자유로워야 한다. 오히려 부부의 사랑이 가변적임을 인정해야 한다. 그렇다면 부부의 사랑이 어떠하기에 시간이 흐르면서 변하게 되는 걸까?

사랑을 이루는 형식에는 의지와 감정이 있다고 『연애 신학』에서 자세히 밝혔다.[7] 특히 사랑의 감정은 사랑 호르몬 분비와 직결되어 있어 호르몬 분비가 소멸되면 배우자를 향한 감정 상태도 반드시 변하게 되어 있다. 사랑 자체가 변한다는 말이 아니라, 사랑을 이루는 두 요소 중에 감정 상태가 이전과는 달라진다는 말이다. 이때 부부들이 자주 오해하면서 이런 푸념들을 늘어놓는다.

"결혼하더니 우리 남편이 변했어요!"

★

7) 권율, 『연애 신학』, 54-70.

"연애 때는 안 그랬는데 요즘 왜 그러는지 모르겠어요."

"아내가 갈수록 잔소리가 심해지네요."

"역시 연애와 결혼은 다른가 봐요."

이런 말들을 곰곰이 분석해 보면, 사랑의 감정이 이전과는 다르기 때문에 서로 말과 행동이 거슬린다는 것이다. 사랑 호르몬이 충만할 때는 웬만한 소리를 해도 그저 사랑스러워 보였는데, 이제 사랑 호르몬이 고갈되면서 그러한 사랑의 '콩깍지'가 벗겨진 것이다.

이때 우리는 사랑 자체가 변했다고 생각할 필요는 없다. 사랑의 감정이 참으로 중요하지만, 그 감정은 호르몬 분비가 만들어 내는 화학 작용에 가깝기 때문에 몸과 건강 상태에 따라 얼마든지 달라질 수 있다. 심지어 사랑의 감정이 소멸되었다가 또다시 솟구쳐 오르기도 한다.

사랑에는 감정의 요소보다 의지의 요소가 훨씬 더 중요하게 작용한다. 호르몬 분비에 따라 시시각각 변하는 사랑의 감정을 지탱하는 사랑의 의지가 결혼생활에 필수적이다. 어느 정신과 교수는 "호르몬이 없다고 해도 인간의 의지가 있는 한 사랑은 사라지지 않습니다!"[8] 라고 말했다. 이것은 호르몬 분비에 따라 감정 상태가 변해도 사랑의 의지는 변하지 않을 수 있다는 뜻이다.

사랑의 의지는 감정 상태에 큰 영향을 받는다. 제아무리 배우자를

★

8) 송웅달, 『900일간의 폭풍 사랑』 (서울: 김영사, 2007), 68.

사랑하겠다는 강력한 의지가 있어도 사랑의 감정이 없으면 그 의지는 점점 힘을 잃고 만다. 사랑의 감정은 몸에서 스스로 만들어 내는 호르몬 분비 작용이기도 하지만, 배우자로부터 깊은 관심과 배려를 받을 때도 강하게 생겨난다. 만일 이러한 사랑의 감정이나 느낌이 계속 생기지 않는다면, 자신에게 있는 사랑의 의지가 온전히 뿌리를 내릴 수 있겠는가? 쉽게 말해, 남편의 무자비한 언행 때문에 아내의 감정이 계속 다치고 있는데도 남편을 사랑하겠다는 의지를 지속할 수 있겠는가? 또 아내의 끊임없는 잔소리 때문에 남편의 감정이 계속 상하고 있다면 아내를 사랑하겠다는 의지를 변함없이 불태울 수 있겠는가?

개선의 여지없이 상태가 계속된다면 그 부부의 사랑은 변하게 된다. 의지와 감정이라는 사랑의 두 요소가 모두 변하기 때문이다. 사실 호르몬 분비에 따라 감정 상태가 변하는 건 모든 부부가 경험하는 일반적인 현상이다. 이전보다 부부 관계가 횟수가 줄고 부부 관계를 자주 하더라도 신혼 때만큼 잠자리의 짜릿함을 온몸으로 느끼기는 힘들다.

문제는 사랑 호르몬 감소에 따라 사랑의 감정이 식은 현상 때문에 배우자를 향한 깊은 관심과 배려까지 저버리는 경우이다. 순수한(?) 사랑에 대한 환상이 심한 사람일수록 오히려 그런 문제에 잘 빠진다. 그들은 사랑의 감정이 수반되지 않고 인위적인 건 사랑이 아니라고 말한다. 그들의 논리가 얼핏 그럴듯해 보이지만, 사실은 자기 몸에서 사랑 호르몬이 분비되지 않아 배우자를 향한 관심과 배려가 이제 힘들어졌다는 핑계일 뿐이다.

특히 아내는 자신을 향한 관심과 배려를 정말 큰 사랑의 언어로 간주하기 때문에 남편은 이런 부분에서 주의를 기울여야 한다. 남성은 주로 성적 본능이 자극될 때 사랑의 감정이 치솟는다고 느끼지만, 여성은 성적 자극과 함께 깊은 관심과 배려가 수반될 때 더욱 강력한 사랑의 감정을 느낀다.

여하튼 부부의 사랑이 변함없이 계속될 수 있다는 환상에서 벗어나야 한다. 사랑의 의지가 사랑의 감정보다는 훨씬 불변적이긴 하지만, 감정 상태에 큰 영향을 받는 사랑의 의지조차 때로는 지속하기 힘들다는 걸 기억해야 한다. 부부 사이에 그저 사랑의 감정이 이전보다 줄어든 것만을 두고 변했다고 단정하면 안 되지만, 그걸 이유로 배우자를 향한 관심과 배려를 저버려 감정을 다치게 함으로써 사랑의 의지까지 꺾이게 한다면 그 부부의 사랑은 흔들리고 있는 것이다.

부부 사이에 사랑의 의지란?

연인이나 부부 사이는 사랑의 감정에 대해서는 굳이 설명하지 않아도 직관적으로 알아차린다. 사랑에 '빠진' 남녀의 몸에서 흘러나오는 자연스러운 반응이기 때문이다. 그런데 사랑의 의지에 대해서는 세밀한 설명이 필요할 것 같다. 『연애 신학』에서는 사랑의 의지에 대해 간단히 언급만 하고 지나갔다.[9] 결혼 전 연애 기간에는 사랑의 감정이 훨씬 큰 비중을 차지해서 사랑의 의지에 대해 비중 있게 다루지 않았다.

이제 이 책의 제목답게 '부부 신학'에 초점을 맞추려고 한다. 성도인 부부 사이에 사랑의 의지란, 결혼이라는 언약에 기초하여 하나님 나라를 꿈꾸며 그리스도와 교회의 관계를 세상에 드러내려는 부부의 내적 욕구를 가리킨다. 무슨 말인지 차근차근 설명해 보겠다.

먼저, 사랑의 의지는 결혼이라는 언약에 기초한다. 다시 말해, 결혼 언약에 사랑의 의지가 뿌리내리고 있다. 성도의 결혼은 하나님 앞에서 맺어진 신랑 신부의 언약이다. 간음 같은 예외의 경우를 제외하고는 결코 파기될 수 없는 신성한 약속이다. (배우자가 간음했더라도 부부 관계를 회복하려고 최대한 노력해야 한다.) 신랑이 신부를 사랑하고 신부가 신랑을 사랑하겠다는 그 의지가 서로에게 서약한 언약에 기초한다. 결혼식 전체가 언약식이지만 그중에서도 '혼인 서약'과 '성혼 공포'가 언약 결혼[10]의 핵심이다. 하나님 앞에서 맺어진 언약은 파기될 수 없기에 이 언약에 뿌리내리고 있는 사랑의 의지는 변함이 없어야 한다.

다음으로, 부부 사이에 있는 사랑의 의지는 하나님 나라를 꿈꾸게 만든다. 인류 최초의 부부가 하나님 나라의 원형인 에덴 동산에 있었고, 지금은 '실낙원'이 된 이 세상에서 모든 부부는 장차 임할 완전한 하나님 나라(천국)를 꿈꾸고 있다. 죽어서 우리 영혼이 들어가는 그곳[11]만

★

9) 권율, 『연애 신학』, 82.

10) 이 책에서 언약의 성격을 지닌 결혼을 강조할 때는 '언약 결혼'이라고 표현하고, 결혼이 지닌 언약의 성격을 강조할 때는 '결혼 언약'이라고 표현하였다.

이 아니라 현재 우리가 밟고 있는 이곳이 주님의 재림과 함께 영광스러운 천국이 되는 그날을 부부는 함께 꿈꾼다. 성도인 부부가 이러한 생각을 전혀 하지 않는다면 그들의 결혼생활은 다른 목적을 지향하고 있다.

마지막으로, 부부에게 있는 사랑의 의지는 그리스도와 교회의 관계를 세상에 드러내려는 내적인 욕구이다. 이것은 이미 여러 차례 언급한 바 있다. 주님이 바울에게 계시하신 대로 결혼 제도는 큰 비밀이며, 그 이유는 궁극적으로 그리스도와 교회의 신비적 연합을 드러내기 때문이다(엡 5:31-32). 부부가 서로 사랑하겠다는 그 의지는 결국 자신들의 결혼생활을 통해 그리스도가 어떤 분이신지, 교회가 어떠해야 하는지를 온몸으로 증거하겠다는 거룩한 결단이다.

이처럼 부부 사이에 존재하는 사랑의 의지는 그저 서로를 사랑하겠다는 가벼운 결심 정도가 아니다. 서로를 향한 사랑의 의지는 거룩한 언약에 뿌리내리고 있고, 그 언약이 파기되지 않는 한 사랑의 의지도 변함이 없어야 하며, 그 의지는 결국 하나님 나라와 교회를 향한 갈망으로 나타난다. 성도인 부부라면 이러한 사랑의 의지를 서로에게 가지고 있어야 한다.

★

11) 신학 용어로 '중간 상태'(intermediate state)라고 하며, 성경에는 '낙원' 또는 '셋째 하늘'이라고 표현되어 있다(눅 23:43; 고후 12:2,4).

부부의 사랑이 아니라 언약 때문이다

우리는 부부의 사랑도 변할 수 있음을 논증했다. 사랑의 감정은 물론 사랑의 의지마저도 그 감정 상태에 영향을 받아 흔들리고 변하게 될 수 있다는 걸 알았다. 따라서 결혼생활을 지탱하게 하는 건 부부의 사랑이 아니다. 오히려 결혼이라는 '언약'이 부부의 사랑을 붙들고 있음을 기억해야 한다. 부부간의 사랑이 흔들릴 때도 언약이라는 울타리가 있기에 그들의 결혼생활이 유지될 수 있다.

생각해 보라. 남편이 아내를 사랑하기 때문에 그 결혼생활이 유지된다고 한다면, 만약에 남편이 더 이상 아내를 사랑하지 않는다면 그 즉시 결혼생활이 중단되는 것인가? 마찬가지로 아내가 남편을 사랑하기 때문에 결혼생활이 지속된다고 하면, 만일 아내가 더 이상 남편을 사랑하지 않는다면 그 즉시 결혼생활이 멈추게 되는가?

그렇지 않다! 부부가 서로 사랑하는 마음이 없어져도 하나님 앞에서 맺은 그 언약 때문에 결혼생활을 지속하는 것이다. 서로 같이 살기로 하나님 앞에서 약속했다면 비록 사랑하는 마음이 없어져도 그 약속을 지킨다는 것이다. 그렇기에 결혼 언약이 부부의 관계를 유지시키고 부부의 사랑이 회복되도록 붙들고 있다.

이런 원리는 신앙생활에 그대로 적용된다. 우리가 하나님을 사랑하기 때문에 우리의 신앙이 유지되는 것이 아니다. 하나님을 사랑하는 우리의 마음이 절대 변하지 않으면 그게 가능할지 모르지만, 누구나

고백하듯이 그분을 향한 우리의 사랑은 자주 변하기 때문에 이런 얄팍한 사랑 따위에 우리의 신앙(믿음)이 달려 있다고 생각하는 건 불가능하다. 오히려 신랑 되신 그분이 우리와 맺으신 언약 때문에 우리의 신앙생활이 지속될 수 있는 것이다. 즉, 그분을 향한 우리의 사랑이 신앙을 지키는 것이 아니라, 우리와 맺으신 그 언약[12]이 우리의 신앙을 지키는 것이다.

하나님은 언약을 절대 깨뜨리지 않으신다. "내 언약을 깨뜨리지 아니하고 내 입술에서 낸 것은 변하지 아니하리로다"(시 89:34). 이 언약에 기초하여 부부는 각각 하나님과의 영적 결혼생활을 유지하고 있다(수직적 관계). 이때 부부가 각각 하나님과 맺은 언약을 '수직적 언약'이라고 표현할 수 있다.[13] 수직적 언약에는 부부 사이에 맺어진 결혼 언약이 맞물려 있는데(수평적 관계), 이때 부부가 서로 맺은 언약을 '수평적 언약'이라고 표현할 수 있다. 따라서 수평적 언약인 결혼 언약은 결코 파기될 수 없는 수직적 언약에 기초하고 있다. 언약의 원리는 앞서 언급한 '사랑의 삼각도'와 동일하다. 이번에는 '언약의 삼각도'로 표현해 보자.

우리는 결혼 언약이 파기될 수 없는 이유를 발견했다. 그림에서 보듯이, 부부 사이에 맺어진 수평적 언약(결혼 언약)이 결코 파기될 수 없

★

12) 하나님이 우리와 언약을 맺으셨다는 내용은 웨스트민스터 대교리문답 31, 소교리문답 20을 참고하라.

13) 공교롭게도 '수직적 언약'과 '수평적 언약'이라는 표현이 팀 켈러의 저술에도 나온다. 팀 켈러, 『팀 켈러, 결혼을 말하다』, 최종훈 옮김 (서울: 두란노, 2014), 106-108.

〈언약의 삼각도〉

는 수직적 언약과 맞물려 있기 때문이다. 바로 이런 구조 때문에, 부부의 사랑이 비록 흔들리더라도 결혼생활이 지탱될 수 있는 것이다. 파기되지 않는 수직적 언약으로부터 수평적 언약을 지탱하는 힘이 나오고, 또다시 이 수평적 언약은 부부의 사랑을 붙들고 있다.

남편이 더 이상 아내를 사랑하는 마음이 없다면 어떻게 해야겠는가? 또 아내가 더 이상 남편을 사랑할 수 없는 상태라면 어떻게 해야겠는가? 결혼생활을 하다 보면 부부에게 위기가 찾아올 때가 있다. 그때 하나님을 믿는 부부라면 어떻게 해야겠는가?

그런 상태가 된 이유부터 깨달아야 한다. 남편이 아내를 사랑하지 않는다는 건 거의 필연적으로 하나님을 제대로 사랑하지 않기 때문이다. 하나님 사랑과 배우자 사랑이 결코 분리될 수 없다는 원리를 떠올려 보라. 또 아내가 남편을 사랑하는 마음이 없다는 것 역시 하나님을 제대로 사랑하지 않기 때문이다.

부부 사이의 위기는 특별한 경우를 제외하고는 부부가 하나님을 제대로 사랑하지 않기 때문에 발생한다. 남편과 아내가 각각 하나님을 뜨겁게 사랑하면 그 사랑에 힘입어 배우자를 기꺼이 용납하고 사랑하게 된다. 하나님의 사랑으로 '영적 콩깍지'가 씌어야 연애 때처럼 배우자를 사랑스럽게 바라볼 수 있다. 사랑 호르몬 분비에 따른 사랑의 감정은 결혼생활 중에 소멸되는 시점이 오기 때문에, 자기 안에서 만들어내는 사랑의 감정으로 계속해서 배우자를 사랑하는 건 불가능하다.

위기에 처한 부부는 무엇보다 하나님을 뜨겁게 사랑할 수 있도록 기도해야 한다. 하나님의 사랑이 성령을 통해 우리 마음에 부어진다는 사도의 권면(롬 5:5)을 반드시 기억해야 한다. 위기에 처한 부부는 서로가 결혼 언약에 또다시 충실하도록 하나님의 성령께서 자신들을 일깨워 달라고 간절히 매달려야 한다. 아무리 뜨거운 부부의 사랑이라도 시간이 지나면 변할 수 있다는 사실을 인정하고, 언약에 신실하신 하나님께서 우리 부부의 사랑을 지켜 달라고 함께 간구해야 한다.

결혼하면 남자는 변한다?

기혼 여성들이 하는 말이 있다. 결혼해서 살다 보면 남편이 변하더라는 것이다. 남자로서 충분히 동의하지만, 그래도 남자의 특성을 잠시 변호(?)하고 싶다.

남자는 여자를 사랑하면 강력한 '성적 각성 상태'에 빠진다. 즉, 사랑 호르몬이 급속도로 치솟는데 일반적으로 여자보다 그 정도가 훨씬 더 강력하다. (물론 그렇지 않은 남성이나 여성들도 있다.) 사랑 호르몬으로 충만해진 남자는 이전과는 전혀 다른 말과 행동을 하기 시작한다. 그것도 억지로 하거나 힘들어하지 않고 정말 자연스럽게 흘러나오는 말과 행동들이다. 무리한 일정으로 데이트를 하면서도 피곤해하거나 지치지도 않는다. 사랑의 콩깍지가 단단히 씐 것이다.

그런 증상은 생각보다 오래가지 않는다. 결혼한 부부들이 로맨틱한 사랑에 빠져 있는 기간은 평균 2년이라는 연구 결과가 있다.[14] 여하튼 황홀한 신혼 기간이 지나고 사랑 호르몬 분비가 급격하게 줄어들면 그동안 남자들의 사랑스런 행동들은 사라지는데, 이때 남자들이 사실 변하는 게 아니고 원래대로 돌아가는 것이다. 좀 더 정확하게 말하면, 연애하기 이전의 상태로 되돌아가는 것이다. 아내를 만나기 이전의 평소 자신의 모습으로 거의 돌아간다고 보면 된다.

여자들에게 좀 슬프게 들리겠지만, 그때부터 남자들에게는 사랑의 감정보다는 사랑의 의지가 훨씬 더 크게 작용한다. 다시 말해, 사랑의 의무로 아내를 대하려는 마음이 커진다. 물론 그냥 의무가 아니라 '사랑의 의무'이다. 그럼에도 아내는 이전과 동일한 사랑의 '감정'을 남편에게 기대하려고 한다. 남편은 그 기대에 부응하려고 하지만, 사랑 호르몬이 충만한 이전의 상태로 돌아가지 않는 자신을 보며 자책하고

★

14) 게리 채프먼, 『5가지 사랑의 언어』, 장동숙 외 옮김 (서울: 생명의말씀사, 2010), 37.

절망하기도 한다.

이때 아내는 남편의 사랑이 변했다고 단정하지 말고, 이전과는 또 다른 사랑이 시작되었다고 생각해야 한다. 남편도 마찬가지이다. 자신의 그런 모습을 지나치게 절망하거나 자책할 필요는 없다. 부부의 사랑을 이루는 것은 호르몬 분비에 따른 사랑의 감정만이 아니다. 부부관계 때를 제외하면 강력한 성적 각성 상태는 별로 없지만, 결혼 언약에 충실하려는 사랑의 의지와 서로를 향한 관심 및 배려가 부부의 사랑에 훨씬 큰 비중을 차지한다는 걸 기억해야 한다. 이 부분에서 남편이 여전히 변함이 없다면 아내는 남편의 사랑을 의심하지 않아도 된다.

결혼하면 여자가 변한다!

결혼하면 남편이 변한다고 하는 아내도 역시 변한다. 아내 역시 사랑 호르몬 분비에 영향을 받는다. 남성이든 여성이든 사랑 호르몬이 정점을 찍은 상태에서 계속 유지될 수는 없다. 생물학적으로 불가능하다. 결혼생활을 한 지 오래 지났는데도 연애 때나 신혼 때처럼 여전히 설레고 심장이 두근거리는 경우는 없다. 만일 연애 때처럼 계속해서 심장이 뛴다면 얼른 병원에 가 봐야 한다.

우리는 남성과 여성의 기질 차이를 알아야 한다. 일반적으로 남성은 여성보다 훨씬 목표 지향적이고 성취 지향적이다. 사회심리학자는 이것을 사회진화학적으로 해석하지만,[15] 그보다는 남성과 여성의 성 심리 차이로 이해하는 것이 좋을 듯하다. 남성은 성적 자극을 받으면 사정(射精, ejaculation)이라는 최종 단계(절정)에 이르기까지 멈추지 않으려고 한다. 그리고 목표에 도달하는 순간 긴장이 풀리면서 금방 원래의 상태로 돌아간다. 바로 이러한 성 심리와 패턴이 남성의 목표 지향적 기질을 반영하는 것이다.

반면에 여성은 성적 자극을 받아도 남성처럼 단 한 번으로 끝나는 사정의 단계가 없다. 절정(오르가즘)을 여러 차례 경험하는 경우도 있고, 부부 관계가 끝나고도 성적 여운이 남성보다 오래 지속된다. 이러한 성 심리와 반응은 여성의 과정 지향적 기질을 반영한다.

이제 결혼한 남성과 여성의 예상되는 반응을 정리해 보자. 남자는 결혼이라는 '목표'에 도달했기 때문에 모든 것을 '성취'했다고 생각한다. 그래서 이전과는 달리 긴장이 풀리고 상당히 여유로워진 상태가 된다. 반면에 여자는 결혼을 했기 때문에 이제부터 '시작'되는 '과정'을 머릿속으로 상상하며, 연애 때처럼 남편과 함께 여전히 로맨틱한 여운을 즐기고 싶어 한다. 한마디로 말해, 남자는 결혼하면 '끝'(성취, 안도)이라고 생각하고 여자는 결혼하면 '시작'(과정, 기대)이라고 생각한다.

상황이 이렇다 보니 아내가 보기에 남편이 변했다고 말하는 것이

★

15) 고대로부터 남성들이 주로 위험을 감수하며 경쟁하고 싸우는 데서 목표 지향적이고 성취 지향적인 기질이 생겼다는 것이다. 로이 F. 바우마이스터, 『소모되는 남자』, 서은국 외 옮김 (서울: 시그마북스, 2015), 386-387.

다. 즉, 결혼이라는 인생 최대의 목표를 이루고 안도하며 긴장 풀린 원래의 모습으로 돌아간 남편을 보니까, 아내는 결혼과 동시에 기대했던 그 로맨틱한 나날이 자기만의 착각이었다는 현실을 깨닫는 것이다. 그래서 아내가 보기에는 남편이 분명 변한 것이다. 하지만 그때부터 시작되는 아내의 잔소리를 듣는 남편 역시 아내가 변했다고 생각한다. 연애 때와는 다르니까.

나눔과 적용을 위한 질문

1. 부부의 사랑이 변한다고 생각하는가? 아니면 변하지 않는다고 생각하는가? 어떤 측면에서 그렇게 생각하는지 각각 견해를 말해 보라.

2. 배우자가 결혼 전과 비교할 때 어떤 점이 변했다고 생각하는지 솔직하게 나누어 보라.

3. 이번 장에서 말하는 부부 사이에 존재하는 사랑의 의지에 대해 다시 설명해 보라.

4. 부부의 관계가 유지되게 하고 그것을 지키는 것이 무엇이라고 생각하는가?

CHAPTER 3

떠남과 연합과 한 몸 됨

언약 결혼의 3요소

남자가 부모를 떠나지 않을 때

부부 사이가 좋아야 효도한다

남자가 아내와 연합하지 않을 때

부부가 한 몸 됨을 누리지 않을 때

금욕주의에 길들여진 교회 여성들

하나님이 선물하신 아름다운 성욕

성욕과 음욕은 다르다!

성욕과 언약

음욕은 곧 우상숭배

거룩한 정서를 자주 경험하라

언약 결혼의 3요소

창세기 2장에 인류 최초의 결혼식이 소개된다. 하나님이 아담을 깊이 잠들게 하시고 그의 갈빗대 하나를 취해 여자를 만드시고는 그녀를 아담에게로 이끌어 오신다(21-22절). 그 광경을 보게 된 아담은 환희에 젖어 인류 최초의 '축가'를 부른다.

> 아담이 이르되 이는 내 뼈 중의 뼈요 살 중의 살이라 이것을 남자에게서 취하였은즉 여자라 부르리라 하니라 _창 2:23, 개역개정

> 사람이 말했다. "이는 드디어 내 뼈 중의 뼈, 내 살 중의 살이로구나! 여자라고 불러야지. 남자에게서 빼내셨으니까!" _창 2:23, 새한글

신랑 아담이 신부를 향해 부르는 아름다운 노래이다. 최근에 다음 세대를 위해 번역된 '새한글성경' 본문으로 읽으면 더욱 실감이 난다. "이는 드디어 내 뼈 중의 뼈, 내 살 중의 살이로구나!"라는 표현은 신부가 강할 때나 약할 때나 신랑 아담이 변함없이 헌신하겠다는 언약적인 진술이다.[16] 이 부분에서 인류 최초의 결혼이 이미 언약이라는 사실이

★

16) Victor P. Hamilton, *The Book of Genesis, Chapters 1-17*, NICOT (Grand Rapids, MI: William B. Eerdmans, 1990), 180.

입증된다. 아담은 그녀의 몸이 자신으로부터 나왔고 이제 자신(남자)과 절대 분리될 수 없기 때문에 여자라고 부르겠다고 한다. 그러고 나서 다음 구절이 시작된다.

> 이러므로 남자가 부모를 떠나 그의 아내와 합하여 둘이 한 몸을 이룰지로다 _창 2:24

여기에서 "이러므로"(Therefore)는 "아담과 하와가 그런 방식으로 피조되어서 세상에 등장하여 그런 관계를 맺었다는 사실로부터"[17)]라는 뜻이다. 다시 말해, 아담과 하와는 하나님이 직접 만드셨고 서로 떼려야 뗄 수 없는 관계로 설정하셨다는 의미이다. 바로 이런 사실로부터 창세기 2장 24절이 진술되고 있는 것이다.

결혼에 관한 첫 진술인 이 구절에는 언약 결혼의 3요소가 나타나 있다. 참고로, '언약 결혼의 3요소'라는 말은, 성도의 결혼이란 하나님 앞에서 맺어지는 거룩한 언약인데, 결혼이라는 언약이 성립되려면 3가지 요소가 있어야 한다는 것이다. 쉽게 말해, 하나님이 인정하시는 결혼이 어떤 것인가 하는 내용이다. 이제 하나씩 살펴보도록 하자.

첫째, 결혼은 남자가 부모를 떠나는 것이다. 창세기가 기록될 당시 고대 근동의 족장 사회의 분위기를 고려할 때 이 말 자체가 파격적

★

17) 황영철, 『이 비밀이 크도다』 (의정부: 드림북, 2017), 32.

이다. 더욱이 '떠나다'에 해당하는 히브리어 동사 '아자브'(עזב)는 구약에서 이스라엘 백성이 여호와 하나님과의 언약 관계를 거부할 때 종종 사용된다.[18] 그렇다면 남자가 부모를 떠나는 것은 그동안 부모에게 다하던 언약적 충성을 중단한다는 뜻이다. 물론 부모와의 관계를 끊으라는 의미는 아니다. 인생의 주도권을 이제 자신이 가지고 모든 측면에서 부모로부터 독립(또는 자립)하라는 뜻이다.

둘째, 결혼은 남자가 그의 아내와 합하는 것(연합)이다. '합하다'에 해당하는 히브리어 동사 '다바크'(דבק)는 두 쇠붙이를 땜질해서 딱 붙여 놓는다는 말인데,[19] 이것은 '떠나다'와는 대조적으로 언약 관계를 잘 유지한다는 의미이다.[20] 그렇다면 남자가 부모에게 다하던 언약적 충성을 중단하고 이제는 그 일을 자기 아내에게 다한다는 뜻이다. '떠남'이라는 언약적 이별의 결과로 '연합'이라는 언약적 결합이 찾아온 것이다. 부부간의 언약적 결합이라는 것은 정서적인 친밀감은 물론이고 성적 친밀감까지 포함한다.

셋째, 결혼은 남자와 그의 아내가 동등하게 한 몸을 이루는 것이다. 이것은 부부 성관계를 포함한 그 이상의 의미이다. 부부가 서로의 모든 것을 공유한다는 뜻이다. 위 구절(창 2:24)을 자세히 살펴보면, 떠남과 연합의 단계까지는 주어가 "남자"로 되어 있다. 그러니까 남자가

★

18) 렘 1:16; 2:13,17,19; 5:7; 16:11; 17:13 등. Victor P. Hamilton, *The Book of Genesis, Chapters 1-17*, 181.
19) 레이 오틀런드, 『결혼과 복음의 신비』, 황의무 옮김 (서울: 부흥과개혁사, 2017), 36.
20) 신 4:4; 10:20; 11:22; 13:4 등.

부모를 떠나 남자가 그의 아내와 합한다는 것이다. 하지만 이제는 주어가 "둘"이라고 되어 있다. 다시 말해, 남자와 그의 아내가 동등한 입장에서 "둘이 한 몸을" 이룬다는 뜻이다. 여기에서 동등한 입장이라고 한 것은 23절에 나오는 표현, 즉 "남자에게서 취하였은즉 여자라 부르리라"고 한 아담의 고백 때문이다. 남자인 아담이 아내에게 여자라는 이름을 지어 준 것은 "자신의 주권을 확인한 것이 아니라 여자가 자신과 동등한 자격을 가진 존재임을"[21] 인정한 것이다.

정리하자면, 언약 결혼의 3요소는 떠남과 연합과 한 몸 됨이다. 이 3가지는 모두 이어져 있다. 즉, 떠남의 결과로 반드시 연합이 오며, 그 결과로 한 몸 됨이 반드시 이루어진다는 뜻이다. 하나님은 이 3가지가 있어야 성도의 결혼이라고 인정해 주신다. 성도뿐만 아니라 모든 인류에게 결혼의 원리로 설정하셨기 때문에, 누구든지 이 원리를 따르지 않으면 결혼생활에 크고 작은 문제들이 발생하게 된다.

남자가 부모를 떠나지 않을 때

예전에 부목사로 교회에서 사역할 때 있었던 일이다. 월요일에 교회 사무실에서 당직을 서고 있었는데 자매가 초췌한 얼굴로 찾아왔

★

21) 송병현, 『엑스포지멘터리 창세기』 (서울: 국제제자훈련원, 2010), 120.

다. 자신을 '유진'이라고 소개했다. (프롤로그에서 밝혔듯이, 이 책에 나오는 모든 이름은 가명이다.) 비록 초면이지만 나는 유진 씨가 풍전등화(風前燈火)의 위기에 처해 있다는 걸 직관적으로 알았다.

아직 20대 후반의 주부인데도 기구한 결혼생활을 하고 있었다. 얼마 전 이혼 서류에 도장을 찍고 이혼숙려 기간 중이었다. 남편의 철없는 행동과 시어머니의 일방적인 처신 때문에 정상적인 일상이 불가능했다. 남편은 아내가 다소 언성을 높이기라도 하면 고래고래 소리를 지르며 이상한 행동을 하고, 심지어 자기 엄마에게 '구조 요청'을 한다고 한다. 부부 사이에 갈등이 생길 때마다 아내와 대화하기는커녕 매번 자기 엄마한테 상황을 보고하며 조언을 구한다고 한다.

게다가 그 엄마(시어머니)의 폭력적인 개입이 부부 사이를 더욱 멀어지게 했다. 일반적으로 결혼한 아들이 그렇게 반응하면, 오히려 아들을 혼쭐을 내야 제대로 된 부모이다. 하지만 아들을 일방적으로 싸고돌며 강제로 이혼시키려고 하는 중이었다. 그것도 교회 권사라는 사람이 말이다. 유진 씨는 문득 이렇게 말했다.

> 목사님, 앞으로 우리 애들이 어떻게 될까요? 제가 저지른 죄 때문에 앞으로 겪게 될 애들 상처가 걱정됩니다. 핏덩이 남매의 미래가 어떻게 되는 건가요?

목사로서 충분히 공감과 위로를 해 주면서도 현실적인 조언을 들려주었다. 나도 이혼 가정의 자녀라고 밝히고 어떻게 상처를 극복했는지도 소상하게 말해 주었다. 사실 소천하신 우리 아버지도 생전에 부부 갈등을 할머니의 '지령'을 받고 해결하려다가 결국 결혼생활을 실패하고 말았다.

이런 일들은 남자가 부모를 떠나지 않을 때 가정이 어떻게 되는지 보여 주는 끔찍한 사례이다. 언약 결혼의 원리대로 남자는 결혼하게 되면 부모를 떠나야 한다! 동시에 이것은 부모도 아들을 떠나보내야 한다는 걸 의미한다. 특히 남자의 어머니가 아들이 며느리에게 완전히 가도록 모든 측면에서 독립을 시켜야 한다. 아들이 결혼을 했는데도 변함없는 효도를 바라는 건 성경의 가르침이 아니라 철저한 유교 사상이다.

유교에서는 자녀가 결혼을 하더라도 오히려 부모와의 연합을 강조하기 때문에 평생 부모를 떠날 수 없다. 소위 칠거지악(七去之惡)이라고 하여 아내가 이혼을 당하는 7가지 이유를 말하는데, 그 첫 번째가 시부모를 잘 섬기지 못하는 것이다.[22] 그러니까 며느리도 남편과의 연합보다는 남편(아들)과 함께 시부모에게 연합하여 극진히 효도를 하라는 것이다.

물론 자녀가 결혼을 하더라도 양가 부모에게 당연히 효도해야 한

★

22) 한국민족문화대백과, "칠거지악", 『네이버 지식백과』, https://terms.naver.com/entry.naver?cid=46635&docId=530115&categoryId=46635 (2024년 12월 17일 검색).

다. 그러나 부부의 연합을 해치면서까지 각각의 부모에게 효도해서는 곤란하다. 결혼 7년 차인 어떤 부부가 있었는데 남편은 월급을 타면 자기 부모에게 거의 다 준다고 한다. 물론 아내와 상의하는 법이 없다. 자기가 벌었으니까 자기 부모에게 효도하기 위해서란다. 결혼하게 되면 가장 먼저 배우자와 상의하는 게 기본 상식인데, 생각보다 이런 상식이 없는 사람들이 더러 있다.

남편의 사고방식이 이렇게 굳어진 이유는 부모를 떠나지 않아서이다. 몸은 떠나 있지만 정서적으로 여전히 묶여 있다. 남편은 특히 자기 어머니와 정서적으로 심하게 융합되어 있다. 한쪽의 일이 곧 다른 한쪽의 일이 되어 버린다. 미국의 정신의학자 머레이 보웬(Murray Bowen, 1913-1990)의 용어를 빌리자면, 남편은 자아분화(self-differentiation)[23]가 매우 낮은 상태이다. 원가족 가운데 감정의 상호작용으로부터 자유롭지 못해 여전히 부모에게 의존적이며 자신의 문제를 주도적으로 해결할 능력이 없다는 것이다. 이 경우는 대개 자존감이 낮고 정서적으로 불안정하며 이성적 사고보다는 감정에 따라 행동한다.

아이러니하게도 어릴 때부터 부모님 말씀을 어긴 적이 없는 '모범생'일수록 그럴 확률이 높다. 왜 그렇겠는가? 자녀가 스스로 문제를 해결하지 않고 매번 부모의 결정에 무조건 순종하다 보니 자신의 정서를

★

23) F. B. Wichern, Sr., "Family Systems Therapy," in *Baker Encyclopedia of Psychology & Counseling*, ed. David G. Benner and Peter C. Hill, Baker reference library (Grand Rapids, MI: Baker Books, 1999), 444; 김유숙, 『가족상담(3판)』 (서울: 학지사, 2015), 241.

부모의 정서와 동일시해 버리기 때문이다.

실제로 그런 커플이 있었다. 이전에 교회에서 지도한 청년이었는데, 어느 날 자매를 데리고 오더니 결혼할 사이라고 소개를 했다. 기뻐하는 마음으로 축복해 주고 결혼 준비 과정을 지켜보고 있었다. 그런데 형제는 결혼을 준비하는 중에 자매의 반응을 도무지 이해하기 힘들다고 토로했다.

> 목사님, 저는 어머니가 결정하는 대로 하면 정말 좋은데 자매는 좀 싫어하는 것 같아요.

이 친구는 지금 자매가 왜 힘들어하는지 모르고 있다. 자기 부모가 좋아하면 당연히 자매도 좋아할 거라고 생각하는데 그건 혼자만의 착각이다. 자매의 기저 심리에는 이제부터 형제가 부모에게서 독립하기를 바라는 마음이 깔려 있다. 이 지점에서 형제는 자매와 갈등하는 중이다. 이제껏 한 번도 부모를 거역하지 않은 모범생이었는데, 자매의 말을 들으려면 부모를 '떠나야 하는' 낯선 상황이 힘든 것이다. 그럼에도 이런 낯선 상황을 형제는 마음으로부터 받아들여야 한다. 사실 결혼을 준비하는 과정은 남자가 부모로부터 서서히 독립하는 과정이다. 동시에 여자도 자기 부모에게 그렇게 해야 함을 의미한다.

여하튼 성경의 가르침대로, 남편이든 아내이든 배우자가 제1 순위여야 한다. 나는 결혼식 주례를 맡을 때마다 신랑과 신부에게 반드시 권면하는 내용이 있다.

> 신랑은 이제부터 신부를 최고 우선순위에 두어야 합니다. 부모로부터 정말로 독립하기 바랍니다. 마찬가지로 신부도 이제부터 신랑을 최고 우선순위로 생각해야 합니다.

사실 양가 부모님이 들으라고 하는 권면이다. 한국의 부모들은 유교 사상 때문인지 자식을 끝까지 놓지 않으려는 성향이 강하다. 어느 통계에 따르면, 60세 넘은 부모들 중에 자녀에게 여전히 용돈을 주며 당신들 품에 두려고 하는 비율이 일본은 8%, 홍콩은 11%, 한국은 83%라고 한다.[24] 평소에 내가 상담하는 부부 문제의 비율만 봐도 충분히 수긍할 만한 통계 수치이다.

그렇기 때문에 크리스천 부모들은 성경의 가르침에 특별히 귀를 기울여야 한다. 남자가 부모를 떠나지 못하는 것은 대부분 부모가 떠나보내지 않기 때문이다. 자식이 결혼해도 지나치게 걱정하고, 문제가 생기면 왠지 부모가 나서서 해결해 줘야 한다는 강박에 사로잡혀 있다. 이것이 부모의 애틋한 사랑일 수도 있지만, 하나님 앞에서 자녀가 독립된 인격체로 존재할 수 없게 만드는 왜곡된 사랑일 수도 있다.

★

24) 황창연, "부부의 사랑", 「성필립보생태마을」(유튜브 채널), 2023년 4월 20일, https://youtube.com/shorts/-YQN7YR0_bg?si=-qLLcAA7lwMtx7Y1.

부부 사이가 좋아야 효도한다

아이러니한 것처럼 보이지만, 부부 사이가 좋아야 양가 부모에게 효도를 잘한다. 부부 사이에 넘쳐흐르는 사랑의 에너지가 양가 부모에게도 흘러가기 때문이다. 유교적 전통은 부부의 연합보다는 시부모와의 연합을 강조하기 때문에, 결혼한 부부가 실제로는 남편과 아내의 관계라기보다 '시부모에게' 아들과 며느리로 각각 존재하는 느낌이다. 부부 사이가 좋으면 마치 부모에 대한 효도가 소홀해지는 것처럼 생각한다.

그러나 실제로는 정반대이다. 부부의 깊은 연합은 불효가 아니라 부모 사랑과 효도를 위한 원동력이다. 이것은 개인적인 경험이기도 하다. 아내와 사이가 안 좋을 때는 어머니와 장모님을 생각할 마음의 여유가 없었는데, 어느 날부터 아내와 행복해지니까 어떻게 하면 어머니와 장모님께 더 잘할 수 있을까 하는 마음이 솟구쳤다. (양가 아버님은 우리가 결혼하기 오래전에 소천하셨고, 현재는 어머니도 소천하신 상태이다.) 남자가 부모를 떠나 아내와 연합하니까 오히려 부모에게 더 많이 효도한다는 것이다.

이것은 연합이 가져오는 사랑의 힘이다. 부부가 깊이 연합하기 때문에 부모를 멀리할 것 같은 불안감이 우리 부모에게 있다면 속히 떨쳐 버려야 한다. 만일 결혼해서 부모를 멀리하고 관계를 차단하는 자식이 있으면, 기본적인 인간성이 결여되어 있거나 부모에게 심각한 상처를 받은 경우일 것이다. 이런 경우는 또 다른 문제로 접근해야 한다.

부부의 깊은 연합은 부모뿐 아니라 다른 사람에게 큰 영향을 미친다. 특히 교회 사역을 하는 목회자는 더욱 명심하고 있어야 한다. 보수적인 교회일수록 목회자가 아내를 너무 사랑하면 마치 성도들을 소홀히 여길 거라고 생각하는데, 이 역시 전형적인 유교적 사고방식이다. 목회자와 아내의 연합보다는 성도들과의 연합을 더 원하기 때문이다. 하나님은 남편과 아내의 연합을 통해 그리스도와 교회의 신비적 연합이 증거되길 원하신다(엡 5:31-32). 그렇다면 목회자와 아내의 깊은 연합은 오히려 성도들에게 그리스도와 교회의 신비적 연합을 보여 주는 실물 교훈이 된다. 목회자 부부가 서로 사랑하며 행복해야지 그 교회도 진정으로 행복해질 수 있다.

부부의 깊은 연합은 부부간의 사적인 차원을 훨씬 뛰어넘는다. 가깝게는 양가 부모에게 사랑과 효도를 하게 하는 동력이 되고, 좀 더 확장하면 부부가 속한 공동체에 그리스도와 교회의 관계를 증거하는 수단이 된다. 아무튼 부부 사이에는 그리스도 안에서 사랑과 행복이 넘쳐흘러야 한다.

남자가 아내와 연합하지 않을 때

창세기 2장 24절에 따르면, 결혼한 남자는 부모를 떠나 자기 아내와 연합을 이루어야 한다. 결혼하면 당연히 남자는 아내와 연합하여 한 몸을 이룬다. 앞에서 언급했듯이, 이미 부부가 되었지만 계속해서 부부로 되어 가야 한다. 그러니까 부부라는 법적 관계로 진입했지만 부부라는 실제 관계로 살아 내야 한다는 것이다.

이혼하지 않는 이상 부부의 법적 관계는 파기되지 않는다. 이 법적 관계 자체는 부부의 실제 연합을 말하는 것이 아니다. 법적 관계를 맺은 부부는 계속 붙어 있으면서 서로에게 떨어져서는 안 되는 존재로 거듭나야 한다. 창세기 2장 24절의 '합하다'에 해당하는 히브리어 동사가 의미하듯이,[25] 부부는 서로 땜질해서 붙여 놓은 것처럼 늘 붙어 있어야 한다. 24시간 물리적으로 붙어 있으라는 말이 아니고 서로 떨어져 살면 안 된다는 뜻이다.

이전에 부목사로 사역할 때였다. 수요기도회 설교를 마치고 교역자실에 있는데 휴대폰 벨이 울렸다. 통화 버튼을 누르는 순간 흐느끼는 목소리가 들리기 시작했다. 순간 당황스러웠지만 뭔가 사정이 있는 듯해서 진정할 때까지 기다렸다.

결혼 8년 차인 희진 씨였다. 직장 문제로 남편과 멀리 떨어져 산다고 했다. 남편은 서울에서, 자기는 지방에서 각각 직장생활을 하고 거의 '월말 부부'로 살아왔다고 한다. 결혼 전부터 행복한 가정을 꿈꾸며 정말 모범적으로 연애를 했고, 결혼한 후에도 날마다 큐티 나눔을 하

★

25) 각주 19번 참고.

면서 비록 떨어져 있지만 말씀의 은혜로 현실을 잘 이겨 내고 있었다.

그러다가 어느 날 남편이 보낸 큐티 나눔 메시지를 받고 뭔가 이상함을 느꼈다. 늘 나누던 말씀 묵상 내용이었지만 그날따라 평소와는 다른 느낌을 받았다고 한다. 그래서 남편에게 말도 안 하고 늦은 시간에 KTX를 타고 급히 서울로 올라갔다. 아파트 문을 열고 들어가는데 여자 구두가 현관에 놓여 있었다고 한다. 시어머니가 오셨을 거라고 애써 자신을 안심시키면서 안방 문을 여는 순간, 절대 봐서는 안 될 장면을 목격해 버렸다. 옷을 하나도 걸치지 않은 남녀가 침대에서 뒹굴고 있었다!

희진 씨는 또다시 말을 잇지 못했다. 목사로서 나는 정답을 말하기보다 일단 공감하고 위로의 말을 건넸다. 그리고 앞으로 혹시 예상되는 법적 절차에 대해서도 조심스럽게 조언을 했다. 그런데 나보다도 훨씬 더 많이 알고 있었다. 본인이 이혼법률상담소 직원이라고 한다. 이혼 관련 사건을 늘 다루기 때문에 그동안 남편이 무슨 짓을 어떻게 저질렀는지 생생하게 보여서 더더욱 울분이 치밀어 오른다는 것이다.

> 목사님, 저는 법률적인 조치는 잘 알고 있습니다. 다만 이 상황에서 하나님께 어떻게 반응해야 하는지 궁금합니다. 정말 마음이 아프고 너무 힘드네요. 근데 목사님, 하나님이 과연 살아 계시기나 할까요?

희진 씨의 마지막 말이 너무 가슴 아프게 들렸다. "하나님이 과연 살아 계시기나 할까요?"라는 말이 무슨 뜻이겠는가? 정말 하나님의 존재를 의심해서 그렇게 반응하는 것일까? 결코 그렇지 않다. 하나님이 정말로 살아 계신다는 걸 알기 때문에, 하나님이 언제나 내 인생을 지켜보고 계신다는 걸 잘 알기 때문에 그렇게 반응하는 것이다.

조금 다른 맥락이지만, 예수님이 붙잡히시고 사람들이 베드로를 추궁했을 때 그가 어떻게 반응했는지 떠올려 보라. 베드로 당신도 나사렛 예수와 같은 패거리 아니냐고 하니까 그는 급기야 해서는 안 될 말을 내뱉는다. 예수님을 가리켜 "그 사람"이라고 하면서 자신은 그 사람을 알지 못한다고 "저주하며 맹세"까지 한다(마 26:74). 그러고는 밖에 나가서 심히 통곡한다. 이때 베드로의 믿음이 소멸되었거나 예수님의 존재가 의심되어서 그렇게 말하는 것이 아니다. 오히려 예수님이 어떤 분이신지 너무 잘 알기 때문에, 또 그분이 베드로에게 어떤 일을 행하셨는지 그가 너무 잘 알기 때문에 그렇게 반응하는 것이다. 예수님을 전혀 모르면 절대 그렇게 반응하지 않는다. 자신과 아무런 상관이 없기 때문이다.

마찬가지로 희진 씨는 하나님의 존재를 의심해서 그렇게 말하는 것이 아니다. 하나님이 정말로 살아 계심을 알고 자기 인생을 지켜보고 계심을 잘 알기 때문에 "하나님이 과연 살아 계시기나 할까요?"라고 반응하는 것이다. 하나님이 어떻게 그런 상황에서 가만히 계실 수 있냐는 것이다.

이 지점에서 우리는 한 가지 사실을 발견할 수 있다. 희진 씨의 위기가 발생한 건 오로지 남편의 파렴치한 행위 때문이지 결코 조금이라도 하나님 때문이 아니다. 아무리 죽을 만큼 힘들어도 우리는 그런 상황에 대한 책임을 하나님께 돌려서는 안 된다. 물론 나는 상담할 동안에는 그런 '답정론 멘트'를 절대 내뱉지 않는다. 내담자가 스스로 깨달을 때까지 계속 위로하고 격려하며 기다려야 한다.

또 한 가지는, 부부 사이에 돌이킬 수 없는 상처가 생기면 하나님을 바라보는 시각이 크게 왜곡된다는 걸 알 수 있다. 왜 그렇겠는가? 앞서 언급했듯이, 결혼생활과 신앙생활은 모든 측면에서 연결되어 있기 때문이다. 또 남편과 아내의 연합을 통해 그리스도와 교회의 신비적 연합이 드러나는 원리를 하나님이 설정해 두셨기 때문이다(엡 5:31-32). 따라서 배우자와의 관계가 왜곡되면 하나님과의 관계도 필연적으로 왜곡된다.

하지만 우리는 희망을 놓치지 않아야 한다. 하나님과의 관계가 절대 파기되지 않기 때문에, 설사 배우자와의 관계가 끝장이 나더라도(당연히 그런 경우는 없어야겠지만!) 완전히 신앙의 나락으로는 떨어지지 않는다. 앞에서 썼던 표현을 빌리자면, 수평적 언약은 파기될 수 있어도 수직적 언약은 그 어떠한 경우에라도 파기되지 않는다.

남편과 돌이킬 수 없는 관계가 되어 버린 희진 씨의 쓰라린 마음을 누가 온전히 이해할 수 있겠는가? 하나님이 희진 씨에게 회복의 은혜를 베풀어 주시도록 그저 기도할 뿐이다. 감사하게도 몇 년이 지난 지금은 희진 씨가 상처를 잘 극복하고 신앙생활도 이전보다 더 뜨겁게 하고 있다. 비록 남편은 상간녀에게 가 버렸지만, 희진 씨는 영원한 '남편'이신 그리스도를 잘 모시고 또 다른 인생을 살고 있다.

이처럼 남자가 아내와 제대로 연합하지 않을 때 돌이킬 수 없는 상황이 일어날 수 있음을 기억해야 한다. 남편이든 아내이든 부부는 서로가 서로에게 연합하기를 힘써야 한다. 다시 말해, 결혼한 부부는 떨어져 살면 안 된다는 뜻이다! 설사 떨어져야 할 상황이 부득이하게 생기더라도 일시적이어야 한다. 특히 사랑 호르몬에 사로잡히는 신혼기가 지나면 더더욱 명심해야 한다. 남편과 아내는 서로 연합하여 정서적인 친밀감은 물론이고 성적인 친밀감을 풍성하게 누려야 한다.

부부가 한 몸 됨을 누리지 않을 때

예전에 청년들을 데리고 몽골 단기선교를 떠난 적이 있다. 숙소에 돌아와서 이메일을 확인하다가 장문의 메시지를 발견했다. 스팸 메일인 줄 알고 삭제하려다가 발신자 이름을 보니 고향 후배였다. 그래도 스팸인 경우가 많아서 내용을 읽어 보니 정말 고향 후배가 보낸 이메일이었다.

> 목사님, 그동안 잘 계셨어요? 갑작스러운 이메일에 조금 놀라셨을 거라고 생각되는데, 지금 저희 부부 상황을 나누고 싶은 분이 목사님뿐

이에요. 저희 부부가 겉으로 보기에는 화목한 가정이고, 예수 잘 믿는 부부이고, 아무 문제가 없어 보이는 부부인데요. 결혼하고 나서 남편이 내가 연애 때 알던 사람과 완전히 다르고 심지어 속았다는 생각이 들어요.

엄청나게 긴 내용이었지만, 나는 후배의 사연에 큰 충격을 받으며 단숨에 읽어 내려갔다. 한국에 돌아와서 곧바로 연락해 보니 이메일 내용이 사실 그대로였다. 그때부터 장기간에 걸쳐 상담을 진행했다. 부부 위기의 핵심은 남편의 외도였다. 그 수위가 가히 상상을 뛰어넘는다. 결혼 전부터 알고 지내던 같은 교회의 자매와 남편이 부적절한 관계를 맺으며 오랜 기간에 걸쳐 음란한 짓을 하고 있었다. (구체적인 내용은 덕이 안 돼서 언급하지 않겠다.) 충격적이게도 그 자매 역시 아이가 있는 유부녀였다. 교회에서는 신앙이 좋기로 소문난 여집사라고 한다.

나는 후배와 직접 대화하면서도 잘 믿겨지지가 않았다. 결혼 전에 내가 알던 철규 씨(후배 남편)의 선한 모습에서 지금의 미친 남자의 모습을 도저히 상상하기가 힘들었다. 그럼에도 후배가 보여 주는 여러 가지 증거 자료를 볼 때 사실이라는 건 의심할 수 없었다. 하지만 대화 중에 한 가지 걸리는 게 있어 나는 친오빠 같은 심정으로, 평소에 부부 관계를 얼마나 자주 하냐고 후배에게 물어봤다.

사실 아이를 가질 때 빼고는 부부 관계를 거의 안 했어요.

그 순간 적잖은 충격을 받았다. 아직 결혼한 지 몇 년 안 된 부부가 섹스리스(sexless) 상태에 있다니! 출산의 목적 외에는 여태껏 부부간의 성적 친밀감을 누리지 않았다는 말인데, 이건 거의 금욕주의 상태와 다름이 없다.

젊은 나이일수록 특히 남자는 성적 욕구가 해소되지 않으면 비록 결혼한 상태라도 성적으로 탈선할 확률이 높다. 그것이 실제 외도 행위이든지, 아니면 내면으로 다른 여성을 탐닉하든지 성적으로 탈선하기 십상이다. 물론 여자의 경우도 예외라고 할 수 없다. 철규 씨와 간음을 저지른 그 유부녀처럼 결혼한 여성들도 성적으로 일탈하는 경우가 의외로 많다.

그래서 결혼한 모든 부부는 성적인 친밀감을 풍성하게 누려야 한다. 부부 사이에 성적인 소통은 정말 아름다운 것이다. 서로의 몸과 마음을 오감으로 공유하면서 가장 은밀하고 가장 깊은 친밀감으로 서로가 하나임을 자주 느껴야 한다. 성적인 언어와 소통이 없는데도 부부 사이가 행복한 경우는 거의 없다고 보면 된다. 부부가 서로의 성을 나누며 행복해할 때 우리 하나님도 기뻐하신다.

후배의 이야기로 다시 돌아가서 한 가지를 짚고 넘어가야겠다. 철규 씨가 외도한 이유가 아내의 금욕주의적 성향 때문이라고 정당화해서는 안 된다. 부부 관계를 적극적으로 하지 않았기 때문에 남편이 바람을 피울 수밖에 없었다는 식으로 말하는 건 아내를 두 번 죽이는 일이다. 그 어떠한 경우라도 남편의 불륜 행위를 그런 식으로 정당화할 수 없다. 다만 부부로서 서로가 성적 소통을 하지 않았다는 점은 정말 아쉽다.

여자도 그렇지만 남자도 생각보다 자신의 욕구를 표현하는 걸 수줍어하고 어색해한다. 한국 사회의 분위기상 여성들은 적극적인 성적 표현을 하면 안 되는 것처럼 생각하고, 남성들은 성적인 표현을 했다가 혹시 거절당하면 자존심이 무너지는 것과 연결시키려고 한다. 사실 이런 것들은 사회적 통념이나 편견일 뿐 결혼생활의 원리가 아니다. 많은 커플들이 결혼 전에 이런 부분에서 구체적으로 배우지 않아 결혼해서도 이전의 통념대로 표현하려고 한다. 아무튼 남편이든 아내이든 아무리 성적 표현을 하지 않더라도 자신의 욕구를 배우자가 아닌 다른 대상과 공유하는 건 명백한 간음이다. 그 어떠한 경우에라도 자신의 불륜 행위를 배우자의 소극적 태도 때문이라고 정당화해서는 안 된다.

금욕주의에 길들여진 교회 여성들

생각보다 금욕주의에 길들여진 교회 여성이 많다. 물론 젊은 청년들과 부부들 중에는 갈수록 정반대인 경우가 많아지고 있다. 하지만 아직까지 중년 여성 중에는 결혼할 당시에 부부의 성에 대해 제대로 교육을 받지 못해서인지 웃지 못할 해프닝을 연출하기도 한다.

40대 후반의 교회 여성이었다. 남편과의 나이 차이는 거의 띠동갑인데 결혼한 지는 20년이 훨씬 넘었다. 부모의 반대가 있었지만 우여곡절 끝에 결혼을 하고 신혼 첫날밤을 보내려고 하는데 기겁을 하고 말았다. 남편이 옷을 벗고 침대 위로 올라오는 모습을 보고 너무 두려워서 아무것도 할 수 없었다고 한다. 결혼은 했지만 부부 관계를 할 수가 없어 친정 엄마를 찾아와 고민을 털어놓았고, 성교육을 받고 나서 부부생활을 시작했다고 한다. 지금은 아름다운 부부 관계를 잘 유지하고 있다.

심지어 교회 청년들 중에도 금욕주의에 길들여진 자매가 있었다. 이전에 지도한 교회 30대 청년은 살면서 한 번도 성욕을 느껴 본 적이 없다고 했다. 남자친구와 연애를 하면서도 철저하게 물리적인 거리를 유지했고, 어릴 때부터 단 한 번도 19금 영화나 비디오를 본 적이 없다고 했다. 사랑할 때 남녀의 자연스러운 스킨십이나 결혼 이후의 성행위가 어떤 것인지 전혀 관심이 없었다. 우리 부부는 그 자매를 걱정하는 마음으로 '특별 교육'을 하게 되었다. 아내와 그 자매는 함께 비교적 수위가 낮은 19금 영상을 시청했다. 그리고 나서 서른 살이 넘은 자매가 영상을 보고 어찌나 충격을 받았다고 하는지 아직도 그때의 일이 생생한 기억으로 남아 있다. 다행히 지금은 멋진 남편을 만나서 행복한 가정을 이루고 잘 살고 있다.

또 50대 여성이 『연애 신학』을 읽고 찾아온 적이 있다. 자녀의 연애 문제로 골치가 아파 상담을 요청하러 왔다. 그런데 아무리 살펴서 들어 봐도 요즘 청년들의 입장에서는 별 문제가 되지 않았다. 내가 볼 때는 금욕주의에 길들여진 어머니의 사고방식이 더 큰 문제였다.

목사님, 아들이 여자친구가 생겼다고 말했을 때 큰 충격을 받았습니다. 저는 대학생 시절에 감히 연애를 시작하겠다는 생각을 못했거든요. 결혼한 것도 그때 몸담았던 선교단체 간사님이 형제를 소개해 준 덕분입니다. 한 번도 본 적이 없는 형제였지만 간사님을 신뢰하고 있었기 때문에 그분이 소개해 주시는 분이라면 괜찮은 사람이라고 믿었습니다. 그래서 결혼한 거구요. 사실 결혼할 때 그 사람을 사랑하는 마음은 별로 없었습니다.

아들이 여자친구를 만난다는 사실이 충격이었다고 하기에 혹시나 아들과 '정서적 융합' 상태인가 싶었는데 다행히 그런 건 아니었다. 아들이 독립해서 잘 살기를 바라는 간절한 마음이 대화하는 내내 느껴졌다. 다만 이 여성은 어떻게 교회 청년들이 연애를 아무렇지도 않게 시작할 수 있는지 정말 이해가 안 된다고 했다. 당신의 기준으로 볼 때는 이해가 안 되지만 요즘 청년들의 입장에서는 오히려 건전한 연애라고 계속 말씀드렸다.

한참 대화하고 나서야 당신 생각이 지금 아들 세대와 얼마나 다른지 조금 인지하는 듯했다. 이전 세대의 기준과 방식이 마치 성경적 잣대인 양 굳게 믿었다가 그렇지 않을 수도 있다는 걸 처음으로 깨달은 상황이다. 요즘 교회 청년들이 볼 때 부모 세대는 철저하게 금욕주의적이다. 남성보다는 그 시대의 여성들이 더더욱 그런 경향을 보인다. 장모님과 대화하다가 확연하게 알 수 있었다. 장모님이 젊은 시절에는 교회에서 연애 감정을 표현하는 것 자체가 간음죄를 짓는 것으로 생각하셨다고 한다. 중고생 시절에 장로님들이 예배당은 '연애당'이 아니라고 호통치셨던 기억이 난다.

하나님이 선물하신 아름다운 성욕

성욕은 남자와 여자가 서로를 갈망하게 하는 신체적 반응이다. 무엇보다 부부가 한 몸 됨을 오감으로 생생히 느끼게 하는 하나님의 선물이다. 그래서 성욕은 결코 부정하거나 죄스러운 것이 아니다. 성욕을 인지하는 우리의 영적 감각이 왜곡되어 있는 경우가 많다.

금욕주의에 길들여진 교인들은 자기도 모르게 성욕을 부정한 것으로 인식한다. 나 역시 그러했다. 중고생 시절에 신앙이 한참 뜨거워질 때가 있었다. 당시에 성경 통독과 암송에 남다른 열심을 내고 있었는데 아가서(Song of Solomon)를 읽다가 적잖은 충격을 받게 되었다.

> 3네 입술은 홍색 실 같고 네 입은 어여쁘고 너울 속의 네 뺨은 석류 한
> 쪽 같구나 … 5네 두 유방은 백합화 가운데서 꼴을 먹는 쌍태 어린 사

> 슴 같구나 … 11내 신부야 네 입술에서는 꿀 방울이 떨어지고 네 혀 밑
> 에는 꿀과 젖이 있고 네 의복의 향기는 레바논의 향기 같구나 … 15너
> 는 동산의 샘이요 생수의 우물이요 레바논에서부터 흐르는 시내로구
> 나 _아 4:3-15

아가서 4장에서 솔로몬이 자신의 신부가 얼마나 아름다운지 노래하는 내용이다. 그런데 여성의 신체 묘사가 노골적이다. 이런 내용이 어떻게 성경에 들어가 있는지 당시에는 정말 의문스러웠다. 요즘 기준으로 보면 평범(?)할지 모르지만 30년 전 사춘기 소년의 마음을 설레게 하기에는 충분했다. 단순히 설레는 정도가 아니라 나도 모르게 성적으로 흥분하고 있었다. 성경 말씀을 읽다가 그렇게 반응하는 내 모습을 보고 엄청난 절망에 빠졌다. 거룩한 말씀을 읽으며 성적 흥분에 사로잡히는 파렴치한 죄인이라고 나 자신을 정죄했다.

지금 생각해 보면 성욕에 대한 무지 때문에 일어난 해프닝이었다. 성경은 부부간의 성욕을 아름답게 그리고 있는데, 당시에 나도 모르게 성욕 자체를 부정한 것으로 생각하고 있었다. 마치 성경에는 성적인 내용이 있으면 안 되는 것처럼 생각했다. 하나님의 거룩한 말씀인데 어떻게 그런 부정한 내용을 포함할 수 있느냐는 것이다. 성욕은 단지 생육과 번식을 위한, 최선이 아닌 '차악'에 속한다고 무의식적으로 생각했다.

이런 생각에는 성욕이 마치 인류의 범죄와 더불어 생겨났다는 전

제가 깔려 있다. 성욕은 죄스럽다고 생각하기 때문이다. 그런데 성경을 있는 그대로 보면 세상에 죄가 들어오기 전에 이미 성욕이 있었다. 최초의 범죄는 창세기 3장에서 시작되는데, 그 전에 하나님은 사람을 남자와 여자로 창조하시며 그들에게 생육하고 번성하라고 말씀하셨다(1:27-28). 생육하고 번성하려면 성적 결합을 통해 자녀를 출산해야 한다. 그리고 인류 최초의 결혼식이 거행된 후에 부부가 연합하여 한 몸을 이룬다고 말씀하셨는데(2:24), 여기에는 이미 성욕을 수반하는 성적인 결합이 포함되어 있다. 따라서 성욕은 죄가 들어오기 전부터 하나님이 인간에게 부여하신 것이다. 죄의 결과로 성적인 욕구가 생겨난 것이 절대 아니다.

죄가 없는 상태에서는 성적인 욕구가 어떻게 표출되었을까? 어디까지나 가정이긴 하지만 여러 가지 상황을 고려해서 충분히 추측해 볼 수 있다. 죄가 없는 상태에서의 아담과 하와는 하나님의 임재를 생생히 느꼈기에 부부 관계를 두고 하나님을 정점으로 하는 삼각관계로 인식했을 것이다. 그렇다면 인류 최초의 부부는 서로에게 성욕을 표출할 때에 하나님의 임재를 인식하는 상태에서 최대한 배려하는 마음으로 했을 것이다. 서로를 갈망하게 하는 성적 욕구조차도 하나님을 높이는 예배의 수단으로 삼았을 것이다.[26]

아우구스티누스의 주장대로, 죄가 없는 상태에서 성욕은 얼마든

★

26) 존 파이퍼, 『결혼 신학』, 이은이 옮김 (서울: 부흥과개혁사, 2010), 154.

지 이성으로 통제가 가능했을 것이다. 즉, 성욕은 이성에 순종했다는 것이다.[27] 아마도 하나님의 영광을 인식하는 감각이 극도로 활성화되어 성적인 욕구를 다스리기에 충분히 강력했을 것이다. 성욕 자체는 죄가 아니지만 서로를 갈망하게 하는 성욕이 만일 하나님을 인식하지 못할 정도로 강력해지면 그 즉시 하나님을 대적하는 죄가 되어 버린다. 그렇기 때문에 죄가 없는 상태에서 성욕은 언제나 아담과 하와의 이성에 순종했을 것이다.

이러한 내용을 바탕으로 우리는 성욕을 하나님이 주신 아름다운 선물로 이해해야 한다. 하나님이 언약 관계로 맺어 주신 부부는 마치 죄가 없는 상태에서 성욕을 표출하는 것처럼 해야 한다. 에덴에서의 아담과 하와가 모든 부부의 잃어버린 원래 모습이기 때문이다. 따라서 크리스천 부부는 하나님의 임재를 인식하며 서로를 최대한 배려하는 마음으로 성적인 욕구를 표현해야 한다. 부부 관계를 나누는 그 시간조차 하나님 앞에서 소위 '침실 예배'가 되도록 노력해야 한다. 또한 배우자 외에 그 어떤 대상도 성욕이 표출되지 않도록 이성으로 얼마든지 통제할 수 있는 상태가 되어야 한다.

★

27) 배정훈 외, 『초대 교회와 마음의 치료』 (군포: 다함, 2022), 88.

성욕과 음욕은 다르다!

부산의 교회에서 주일 설교를 섬긴 적이 있다. 오전 1, 2부 예배를 마치고 당회원들과 함께 식사를 하다가 『연애 신학』 관련 이야기가 나왔다. 나이가 지긋하신(?) 장로님들이 당신들 때의 연애관과 결혼관을 언급하셨다.

> 목사님, 저희가 결혼할 시절에는 웃지 못할 해프닝이 종종 있었습니다. 지인 부부는 부부 관계를 하고 나서 밤마다 하나님께 회개했다고 합니다. 부부 사이의 성관계마저 죄악으로 인식했던 거지요.

알고 보니 이 교회 장로님들은 대학 시절에 연애를 우상숭배로 규정하는 선교단체에서 훈련을 받았다고 한다. 연애가 우상숭배라니! 전형적인 금욕주의 사상이다. 놀랍게도 지금까지 그 선교단체의 그런 분위기가 이어져 오고 있다. 실제로 그 선교단체 소속 대학생들은 어느 교회에서 내 강의를 들은 적이 있다. 강의 후에 찾아와서 자신들의 고충을 솔직하게 털어놓았다.

> 목사님, 사실 저희 선교단체가 지금도 그런 내용을 은연중에 가르치고 있습니다.

그 선교단체는 마태복음 5장 28절에 근거해서 그렇게 가르친다고 한다. “나는 너희에게 이르노니 음욕을 품고 여자를 보는 자마다 마음에 이미 간음하였느니라.” 이 구절에 나오는 ‘음욕’을 성욕과 동일시하여 생기는 해석의 오류이다. “음욕을 품고”에 해당하는 부분은 헬라어 본문에 “여자를 향해 음욕을 품으려고”(πρὸς τὸ ἐπιθυμῆσαι αὐτὴν)라고 되어 있다. 다시 말해, 특정 대상을 향해 성욕을 ‘의도적으로 왜곡되게’ 품는다는 의미이다. 성에 대한 욕구라는 맥락에서는 음욕이 성욕에 포함되지만 결코 그 둘은 동일한 개념이 아니다. 성욕에 관한 전체 개념을 아래 도표처럼 나타낼 수 있다.

보다시피 성욕의 개념을 크게 3가지로 구분할 수 있다. 먼저 부부관계에서 발생하는 ‘애욕’(A)이다. 보통 애욕(愛慾)이라는 단어를 부정적으로 자주 사용하지만, 나는 이 책에서 부부 사이의 성적인 애정이라는 뜻으로 사용한다. 다음으로, 부부가 아닌 다른 대상을 향해 품거

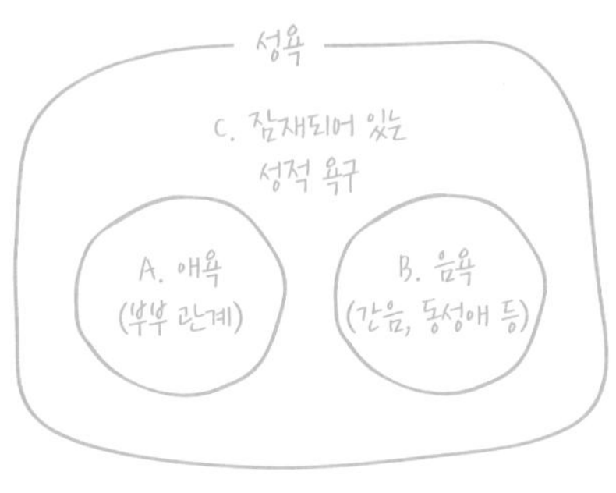

〈성욕의 개념 3가지〉

나 표출하는 '음욕'(B)이 있다. 여기에는 간음이나 동성애, 포르노 등이 포함된다. 마지막으로, 특정 대상이 없어도 모든 사람에게 잠재되어 있는 성적 욕구(C)가 있다. 평소에는 드러나거나 표출되지 않지만 성에 대한 생물학적 본능이 내재되어 있는 상태를 말한다.

앞서 언급한 선교단체처럼 극단적 금욕주의자들은 B뿐만 아니라 A와 C까지 부정(不淨)한 것으로 간주해 버린다. 그렇기 때문에 부부 관계에서 발생하는 애욕까지도 죄악으로 인식하는 것이다. 심지어 이성을 보고 아름답게 느끼는 감정마저 하나님 앞에서 부도덕한 것으로 해석해 버린다.

예수님이 정죄하신 것은 음욕(B)의 상태이지, 자연스러운 성욕 모두(A, C)를 부정하신 것이 아니다. 인간에게 성욕을 부여하신 분이 하나님이시기 때문이다. 죄가 세상에 들어오기 전에 성욕은 이미 존재했다. 죄가 들어오면서부터 성욕 가운데 음욕(B)이 생겨났다. 이것은 하나님 앞에서 결혼 언약으로 맺어진 배우자가 아닌 다른 대상을 향해 품거나 표출되는 왜곡된 성욕이다. 예수님도 마태복음 5장 28절에서 "여자를 향해 음욕을 품으려고"라는 표현을 사용하셨다. 즉, 배우자가 아닌 여자를 향해 '의도적으로 왜곡된' 성욕을 품는 상태를 말씀하신 것이다. 이것은 여자에게도 동일하게 적용된다. 배우자가 아닌 특정 남성을 향해 의도적으로 왜곡된 성욕을 품는 여성도 정죄의 대상이다.

정리하자면, 우리는 성욕과 음욕을 엄연히 구별해야 한다. 성욕은 하나님이 인간에게 부여하신 아름다운 선물이다. 특히 결혼한 부부가 서로 하나 됨을 온몸으로 생생히 느끼게 하는 복된 방편이다. 이토록 아름다운 성욕을 마치 불결한 음욕인 것처럼 인식하지 않아야 한다. 음욕의 위험성은 아무리 강조해도 지나치지 않지만, 그럼에도 성욕과 동일시하는 오류는 결코 범하지 말아야 한다.

성욕과 언약

부부의 성욕은 결혼이라는 수평적 언약에 충실하게 하는 감각적인 방편이다. 이것은 또한 하나님과의 수직적인 언약과 맞물려 있다. 앞서 제시한 '언약의 삼각도'를 다시 살펴보자.

수평적 언약을 맺고 있는 남편(H)과 아내(W)는 각각 하나님과 수직적 언약을 또한 맺고 있다. 이것은 모든 크리스천 부부가 하나님 앞에서 존재하는 방식이다. 하나님이 그리스도 안에서 우리 각자와 구원의 언약을 맺으셨는데(수직적 언약), 이것은 하나님과 우리 사이에 이루

〈언약의 삼각도〉

어진 결혼 언약으로 성경에서 자주 표현된다.[28] 우리와 영적 결혼 관계에 있는 하나님은 우리를 향해 거룩한 욕망을 품고 계신다. 당신의 신부 된 우리를 보시며 얼마나 기뻐하시고 얼마나 사랑하시는지 스바냐 선지자를 통해 알려 주셨다.

… 그가 너로 말미암아 기쁨을 이기지 못하시며 너를 잠잠히 사랑하시며 너로 말미암아 즐거이 부르며 기뻐하시리라 하리라 _습 3:17

이사야 선지자를 통해서는 더 노골적인 표현으로 말씀해 주셨다.

… 신랑이 신부를 기뻐함 같이 네 하나님이 너를 기뻐하시리라 _사 62:5

신랑이 신부를 어떤 방식으로 기뻐하겠는가? 강렬한 성적 이끌림을 수반하여 전인격적으로 신부를 갈망하고 욕망하며 정말로 기뻐한다. 바로 이러한 방식으로 하나님이 우리를 기뻐하신다는 것이다. 다시 말해, 우리를 기뻐하시고 사랑하시되 그냥 그런 수준이 아니라 그리스도 안에서 우리를 '갈망'하시고 성령을 통해 우리를 전인격적으로 '욕망'하신다. 이것은 당신의 신부 된 우리를 향하는 거룩한 욕망이다. 이 거룩한 욕망은 남편과 아내가 각각 하나님과 맺은 수직적 언약에

★
28) 각주 5번 참고.

서 흘러나오는 것이다. 이 거룩한 욕망을 모방하여 수평적 언약 관계에 있는 부부가 서로에게 표현하기를 하나님은 원하신다.

바로 이 일을 위해 하나님은 인간에게 성욕을 부여하셨다. 따라서 부부의 성욕은 하나님의 거룩한 욕망을 투영하는 거울이다. 언어유희를 쓰자면, 성욕(性慾)은 성욕(聖慾)을 담아내고 보여 준다. 그러니까 성애적 욕망(性慾)은 거룩한 욕망(聖慾)을 최대한 모방하여 하나님의 사랑을 충만히 드러내야 한다.

이 일이 온전하게 되려면 먼저 하나님을 향한 '성욕'(聖慾: 거룩한 욕망)으로 충만해야 한다. 하나님이 우리를 향해 거룩한 욕망을 가지시듯이, 남편과 아내는 각각 하나님을 거룩하게 욕망하고 갈망하는 영적 상태를 유지해야 한다. 서로를 욕망하는 에너지가 바로 그 지점에 있기 때문이다. 물론 신혼 초에 사랑 호르몬으로 충만할 때는 자신의 영적 상태와 무관하게 서로를 강하게 욕망하지만, 사실 이때의 욕망은 강력한 호르몬 분비에 따른 성적 각성 상태라고 볼 수 있다.

이 상태는 유효 기한이 생각보다 짧다. 그 이후부터는 더 이상 사랑 호르몬에서 나오는 에너지로 서로를 욕망하기가 힘들어진다. 그러면 이제 어떻게 해야겠는가? 세상 사람들처럼 자신의 사랑 호르몬을 일깨우는 새로운 대상을 찾아야겠는가? 당연히 그렇게 하면 안 된다! 앞서 언급했듯이 크리스천 부부는 하나님을 정점으로 하는 삼각관계이기 때문에, 서로를 욕망할 수 있는 에너지를 하나님으로부터 찾아야 한다. 성령을 통해 부어지는 하나님의 사랑으로 남편과 아내는 서로 욕망하고 갈망하는 훈련을 해야 한다. 이때부터 부부의 성욕은 하나님의 거룩한 욕망을 닮기 시작한다.

음욕은 곧 우상숭배

성욕은 언약에 충실하게 하는 감각적인 방편이다. 이것은 수직적 언약과 수평적 언약 모두에 적용된다. 거룩한 욕망으로서의 '성욕'은 하나님과의 언약에 신실하게 만드는 수직적 방편이고, 성애적 욕망으로서의 성욕은 부부 사이의 언약에 충실하게 만드는 수평적 방편이다.

이 '성욕'과 성욕은 서로 맞물려 있다. 아니, 항상 맞물려 있어야 한다. 다시 말해, 하나님을 갈망하는 상태는 배우자를 욕망하는 상태로 입증되어야 한다. 신혼 초기에 사랑 호르몬으로 충만할 때는 하나님을 갈망하는 것과 무관하게 서로를 강렬히 욕망하는 상태가 지속되다가, 호르몬 유효 기간이 끝나면 서로를 갈망하는 정도가 현저하게 약화된다. 이때부터는 평소에 하나님을 갈망하는 에너지만큼 배우자를 욕망하게 된다.

이 지점에서 많은 부부가 헷갈려 한다. 배우자를 욕망하지 않는 상태가 되면 그것이 곧 하나님을 갈망하지 않는 상태라는 걸 잘 인식하지 못한다. 나 역시 그러했다. 구원은 받았지만 하나님을 갈망하지 않는 상태가 있는 것처럼, 결혼은 했지만 배우자를 욕망하지 않는 상태가 자주 있다. 이 둘은 모든 측면에서 긴밀하게 연결되어 있다. 즉, 하나님을 향하는 수직적인 갈망은 배우자를 향하는 수평적인 욕망으로 표출된다.

부부가 신앙이 뜨거울수록 서로를 향한 성적인 만족도가 높아진다는 것이다. 이미 오래전에 미국에서 통계적으로 입증된 바가 있다. 부부 사이의 성적인 만족이 신앙과 깊은 관련이 있고 신앙이 뜨거울수록 성생활의 즐거움이 높아질 가능성이 커진다는 설문조사가 있다.[29] 성을 터부시하는 금욕주의자들은 도무지 이해할 수 없겠지만, 하나님이 창조하신 성을 아름답게 이해하고 있는 사람에게는 지극히 당연하게 들린다.

성경은 부부의 성생활을 무척 아름답게 묘사한다. 앞서 언급한 아가서는 물론이고 잠언에도 그런 말씀이 나온다.

> 15너는 네 우물에서 물을 마시며 네 샘에서 흐르는 물을 마시라 16어
> 찌하여 네 샘물을 집 밖으로 넘치게 하며 네 도랑물을 거리로 흘러가
> 게 하겠느냐 17그 물이 네게만 있게 하고 타인과 더불어 그것을 나누
> 지 말라 18네 샘으로 복되게 하라 네가 젊어서 취한 아내를 즐거워하
> 라 19그는 사랑스러운 암사슴 같고 아름다운 암노루 같으니 너는 그
> 의 품을 항상 족하게 여기며 그의 사랑을 항상 연모하라 _잠 5:15-19

★

29) 팀 라헤이 외, 『결혼행전』, 김인화 옮김 (서울: 생명의말씀사, 2005), 9-10.

이 단락에서 '우물'과 '샘'은 아내를 비유한 것이다. 아가서에서도 솔로몬은 자기 신부를 "덮은 우물이요 봉한 샘"으로 비유하고 있다(4:12). 잠언 5장은 남편들에게 "네 우물에서 물을 마시며 네 샘에서 흐르는 물을 마시라"고 권면한다. 여기에서 "물"은 성적 욕구가 해소되는 것을 나타낸다.[30] 즉, 아내와의 성관계를 통해 만족을 누리라는 뜻이다. 더 나아가 "네 샘으로 복되게 하라 … 너는 그의 품을 항상 족하게 여기며 그의 사랑을 항상 연모하라"고 권면한다. "그의 품"을 문자 그대로 번역하면 "그녀의 가슴"(her breasts, ESV)이다. 여하튼 남편은 아내의 육체를 흠모하며 그녀와의 잠자리를 아름답게 여기라는 뜻이다.

잠언 5장은 "그 물이 네게만 있게 하고 타인과 더불어 그것을 나누지 말라"고 경고한다. 부부 사이의 성적 순결을 지키라는 말이다. 즉, 성적 욕구를 해소하는 대상이 배우자이어야 한다는 것이다.

이제 하나님과의 수직적인 관계를 대응시켜 적용해 보자. 앞서 언급했듯이, 하나님을 갈망하는 것과 배우자를 욕망하는 것은 여러 측면에서 연결되어 있다. 하나님을 거룩하게 갈망하는 것은 배우자를 힘써 욕망하는 것으로 입증된다. 이 말이 아직도 거북하게 들리는 사람은 잘못된 금욕주의에 길들여진 상태이다. 수많은 성경학자들은 부부의 성행위가 갖는 궁극적인 의미를 그리스도와 교회 사이에 존재하는 궁극적인 기쁨을 나타내는 것으로 본다. 심지어 존 파이퍼는 부부

★

30) 브루스 월트키, 『NICOT 잠언 I』, 황의무 옮김 (서울: 부흥과개혁사, 2020), 359.

사이의 "성적 쾌감은 다가올 내세에 우리가 그리스도와 더불어 누리게 될 측량할 수 없는 기쁨의 영광을 나타내고 있는 것"[31]이라고 말한다.

이처럼 부부의 성행위는 심오한 영적 의미가 깃들여 있다. 남편과 아내가 서로를 욕망하며 즐거워하는 행위가 장차 맛보게 될, 그리스도와 우리 사이의 궁극적인 기쁨을 증거하고 있음을 알아야 한다. 이런 맥락에서 부부의 잠자리는 하나님을 향한 갈망을 온몸으로 표현하는 '침실 예배'이다.

그렇다면 배우자를 욕망하지 않는 상태가 되면 그 부부는 어떻게 되겠는가? 단지 부부 관계가 소원해졌다는 의미를 넘어선다. 부부가 성적으로 서로를 욕망하지 않고 만족을 누리지 못하면 궁극적으로 하나님과 자신 사이의 기쁨을 누리지 못하는 상태가 되기 때문이다. 이런 상태에 빠지면 남편 또는 아내는 배우자가 아닌 다른 대상을 은밀하게 욕망하고 있을 가능성이 높다. 성욕이 소멸되지 않는 이상 성적 존재인 우리는 자신의 성욕을 표출할 대상을 끊임없이 찾는다.

같은 성욕이지만 결혼이라는 언약 관계가 아닌 다른 관계의 대상에게로 표출되는 순간 그 성욕은 즉시 음욕으로 바뀐다. (앞서 소개한 도표 '성욕의 개념 3가지'[32]를 다시 참고해 보라.) 이것은 곧 성적인 탈선을 의미한다. 문제는 단지 배우자로부터 성적 탈선을 했다는 것으로 그치지

★
31) 존 파이퍼, 『결혼 신학』, 162.
32) 88쪽.

않는다는 데 있다. 배우자와의 수평적 언약을 기초로 한 성욕은 하나님과의 수직적 언약을 기초로 한 '성욕'을 증거하는 거울이기 때문이다. 다시 말해, 부부간의 성애적 욕망은 하나님과 우리 사이의 거룩한 욕망을 드러내는 방편이다.

배우자로부터 성적으로 탈선하는 것은 곧 하나님으로부터 영적으로 탈선하는 것이다. 그 이유는 하나님을 갈망하는 자신의 영적 상태가 자기 배우자를 욕망하는 것으로 입증되기 때문이다. 그래서 결혼한 부부는 음욕이 곧 우상숭배임을 기억하고 서로를 욕망하는 일에 힘써야 한다. 신혼 때 저절로 생겨나는 사랑 호르몬에 기초한 성적 욕망과는 또 다른 차원으로 서로를 욕망하는 훈련을 해야 한다. 이때 서로를 욕망하는 힘은 각자가 하나님을 갈망하는 에너지에 비례해서 나타난다. 그러므로 남편과 아내는 성령으로 충만해야 한다. 왜냐하면 하나님을 사랑하고 갈망하게 하는 힘이 '성령 충만'이기 때문이다(롬 5:5 참고).

거룩한 정서를 자주 경험하라

결혼한 부부가 사랑 호르몬으로 충만하여 서로를 욕망하는 로맨틱한 기간은 평균 2년 정도이다. 그 후로도 서로를 욕망하긴 하지만 사랑의 감정보다는 사랑의 의지에 훨씬 더 좌우된다. 신혼 때처럼 불꽃 튀는 사랑보다는 서로에 대한 예의와 배려 등에 마음이 열려 자연스럽게 의지적으로 서로를 욕망한다. 사랑의 의지는 결혼 언약에 기초하기 때문에 결혼이 파기되지 않는 한 남편과 아내는 서로를 욕망하려는 의지를 가져야 한다.

그런데 문제는 욕망하려는 사랑의 의지가 생겨나지 않을 때도 있다는 것이다. 여기에는 여러 가지 원인이 있을 수 있다. 배우자가 심각한 잘못을 저질러 마음이 다치거나, 건강상의 이유로 욕구가 생기지 않는 경우가 있다. 그런 예외적인 경우가 아니라면 십중팔구 영적 상태를 점검해 봐야 한다.

자주 반복하지만, 성도의 결혼은 하나님을 정점으로 하는 삼각관계이다. 그냥 삼각관계가 아니라 하나님을 정점으로 하는 '언약적 삼각관계'이다. 수직적 언약과 수평적 언약이 서로 맞물려 하나님과 남편과 아내 사이의 관계가 파기될 수 없는 구조로 형성되어 있다. 이 언약의 틀 안에서 하나님은 당신과의 거룩한 욕망과 부부간의 성애적 욕망이 맞물려 순환되도록 설정하셨다. 앞서 소개한 언약의 삼각도에 덧붙여 그림으로 나타내면 오른쪽과 같다.

사랑 호르몬의 유효 기간이 끝나면 남편과 아내는 평소에 하나님을 갈망하는 에너지만큼 서로를 욕망할 수 있다. 물론 하나님을 갈망하지 않고 일반적인 수준에서 '의지적으로' 그렇게 할 수도 있다. 이때는 마음에서 우러나오는 욕망이라기보다 배우자로서 그렇게 해야 한다는 의무감 또는 강박일 가능성이 높다. 사랑 호르몬이 분비되지 않

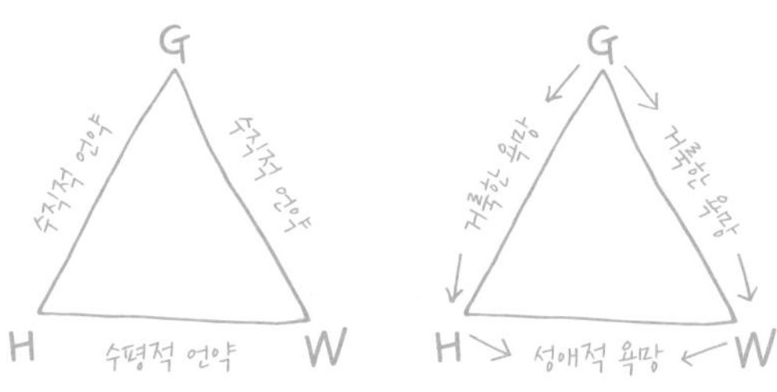

〈언약과 성욕의 구조〉

기에 사랑의 감정 없이 단순히 의지만으로 노력하기 때문이다. 일반적으로 남성보다는 여성이 이런 부분을 정확하게 알아차린다. 남편이 아무리 아내에게 선물을 사 주고 잠자리에서도 아내를 만족시키기 위해 노력할지라도, 마음에서 우러나오지 않으면 아내에게는 전혀 '소울'이 느껴지지 않는다.

이런 상태에서는 남편이나 아내나 자기 안에 내재된 힘으로만 배우자를 욕망하기에는 한계가 따른다. 그렇기 때문에 위로부터 부어지는 하나님의 사랑이 필요하다. 이 사랑은 평소에 자신이 하나님을 갈망하는 정도에 비례해서 나타난다.

이 지점에서 사랑의 출처가 어디인지 또다시 상기시켜야 한다. 성경은 하나님이 사랑이라고 증거하며, 이 사랑은 하나님이 자기 독생자를 세상에 보내어 우리를 살리시고 또 우리 죄를 속하기 위해 화목제물로 그 아들을 보내신 사실로 나타난다(요일 4:8-10). 즉, 십자가 사건에서 하나님의 사랑이 나타나며 바로 이 지점이 우리에게 부어지는 사랑의 출처라는 것이다.

사랑 호르몬 유효 기간이 끝난 부부는 십자가에 나타난 하나님의 사랑을 깨닫는 일에 힘써야 한다. 아직도 부부간의 사랑과 하나님의 사랑이 무슨 상관이 있냐고 반문하고 싶다면 "하나님 사랑 & 배우자 사랑"의 내용을 다시 읽어 보기 바란다.[33] 하나님의 사랑으로 충만한 남편 또는 아내가 자기 배우자를 제대로 사랑하고 제대로 욕망할 수 있다. 이전의 사랑 호르몬이 만들어 내는 것과는 또 다른 차원의 사랑으로 서로의 몸과 마음을 갈망하게 된다.

하나님의 사랑으로 충만하려면 말씀과 기도라는 은혜의 방편을 자주 활용해야 한다. 하나님을 사랑한다는 강력한 외적 증거가 그분의 말씀을 가까이하는 것이다. 사랑하는 대상과 그의 말을 분리시킬 수 없기 때문이다. 만일 사랑하는 사람에게 "난 당신을 사랑하지만 당신의 말은 별로 가까이하고 싶지 않아요!"라고 한다면, 사랑한다는 그의 고백을 누가 사실로 받아들이겠는가? 남편과 아내는 힘써 하나님의 말씀을 가까이하며 그분의 사랑을 갈구해야 한다. 하나님을 사랑하는 마음이 불타오르도록 성령의 도우심을 구해야 한다. 이 자체가 벌써 기도하는 행위이다.

하나님의 은혜는 말씀과 기도라는 신앙적 행위를 통해 성령의 도우심을 힘입어 우리 안에 '주입'된다.[34] 은혜가 주입된다는 말은 우리

★
33) 27-31쪽.

의 존재 내면에 하나님으로부터 그 무엇이 들어온다는 뜻이다. 눈에 보이지는 않지만 우리가 하나님을 사랑할 수 있게 하는 어떤 것이 우리의 전인격에 영향을 미친다는 말이다. 그렇다고 이것이 뭔가 특별한 체험 현상이라고 꼭 생각할 필요는 없다. 영적으로 지쳐 있을 때 어느 날 말씀을 읽다가, 또는 지인이 들려주는 성경 말씀을 통해 마음에 감화가 일어나 또다시 영적으로 충만해지는 경험은 성도라고 하면 종종 맛보는 현상이다.

나는 이런 현상을 두고 하나님이 우리에게 '거룩한 정서'를 주입해 주시는 것이라고 표현한다. 하나님을 사랑할 수 있게 만드는 하나님의 은혜이다. 이런 은혜를 자주 경험할수록 하나님을 뜨겁게 사랑하게 된다. 그러면 자기 안에 사랑의 에너지가 흘러넘치는데, 바로 이것이 배우자를 이전과는 다른 방식으로 사랑하는 동력이 된다. 이전에는 사랑 호르몬에서 나오는 성적 각성 상태로 배우자를 사랑했다면, 이제는 하나님으로부터 오는 영적 각성 상태로 배우자를 사랑하게 된다.

여기에서 참 신비로운 경험을 할 수 있다. 영적 각성 상태로 충만해지면 배우자를 향한 성적 각성 상태도 더불어 일어난다. 좀 더 직설적으로 표현하면, 성령으로 충만해지면 성욕으로 충만해지게 된다. 이때 말하는 성욕은 음욕이 아니라 부부 사이에 일어나는 성적인 갈망이

★

34) 웨스트민스터 대교리문답 77을 참고하라. 김학모 편역, 『개혁주의 신앙고백』 (서울: 부흥과개혁사, 2015), 630.

다. 성령으로 충만해지면 일반적으로 신체의 감각적 기능이 평소보다 활성화되기 때문에 성적인 기능 역시 왕성해지는 경향이 짙다. 그렇기 때문에 신앙이 뜨거운 부부일수록 성적인 만족도가 높은 것이다.

사실 나의 경험이기도 하다. 평소에 나는 하나님의 사랑을 오감으로 자주 느낀다. 아마 신앙에 있어 체험적인 기질 때문인 것 같다. 특히 성경 말씀을 암송하며 기도하다 보면 온몸에 전율이 흐르고 하나님의 사랑이 나의 전인격에 생생히 부어지는 것처럼 느낀다. 굳이 표현하자면 성령의 임재[35]를 자주 경험하는데, 이때 나의 전인격에 거룩한 정서가 강하게 나타난다. 하나님의 사랑으로 충만해지는 이 시간이 그대로 멈추면 좋겠다는 생각도 한다. 신기하게도 그러한 영적 각성 상태는 아내를 더욱 갈망하게 만든다. 예전에는 사랑 호르몬의 지배를 받아 나의 욕구를 충족하는 데 집중했다면, 이제는 하나님이 부어 주시는 사랑으로 아내의 몸과 마음을 어떻게 하면 만족시킬 수 있을까 하는 생각에 잠긴다.

이것은 언약적 삼각관계를 실제로 누리는 것이다. 하나님과 나 사이의 거룩한 욕망이 언약의 틀 안에서 부부간의 성애적 욕망과 맞물려 실제로 선순환되는 과정이다. 하나님이 주입해 주시는 거룩한 정서가

★

35) 임재(presence)라는 말은 하나님이 우리의 시공간에서 자신을 드러내시는 것을 말한다. 물론 일반적으로 성령님은 하나님의 백성과 함께하시기 때문에 모든 성도에게 임재하시지만(언약적 임재), 이 글에서는 평소와는 다른 예외적인 임재 현상을 가리킨다. 존 프레임, 『존 프레임의 조직신학』, 김진운 옮김 (서울: 부흥과개혁사, 2017), 61-63.

나와 하나님 사이에만 머무는 것이 아니라, 수평적 언약 관계에 있는 배우자에게로 흘러가는 것이다. 따라서 거룩한 정서를 자주 경험할수록 남편과 아내는 성적으로도 풍성한 관계를 누릴 수 있다. 이때 누리는 남편과 아내의 성적 만족감은 또다시 하나님을 향하여 거룩한 갈망으로 표출된다. 즉, 부부가 함께 하나님을 뜨겁게 사랑하고 그분의 말씀에 민감하게 반응하며 열정적으로 기도한다.

나눔과 적용을 위한 질문

1. 언약 결혼의 3요소를 말하고 각각 간단하게 설명해 보라.

2. 배우자가 부모로부터 떠나지 못해 힘들어하는 부분은 없는가? 그 부분을 두고 허심탄회하게 나누어 보라.

3. 배우자와 성적인 소통을 얼마나 자주 하고 있는가? 부부간의 성욕이 하나님이 주신 아름다운 선물이라고 믿고 있는가? 그렇지 않다면 그 이유를 말해 보라.

4. 배우자를 욕망하기 위해 하나님의 사랑으로 더욱 충만해지기 원하는가? 하나님을 뜨겁게 사랑하기 위해 어떻게 힘쓰고 있는가?

CHAPTER 4

부부의 사랑 업그레이드하기

권태기 극복 방법

권태기 극복 개념 정립하기

정서와 감정 구별하기

거룩한 정서와 사랑의 감정

차원이 다른 사랑의 감정

권태기 극복 방법

부부는 정도의 차이가 있을 뿐이지 권태기를 경험하기 마련이다. '권태'(倦怠)의 사전적 정의는 "어떤 일이나 상태에 시들해져서 생기는 게으름이나 싫증"[36]이다. 이 말을 여러 상황에서 사용하지만 특히 부부 사이에 적용해 보면, 자신의 배우자에게 성적인 매력을 느끼지 못해 그(녀)를 향해 싫증을 느끼는 현상이라고 정의할 수 있다.

부부 권태기와 관련된 최근의 설문조사가 있다. 결혼정보회사 듀오가 20~39세 기혼 남녀 500명을 대상으로 실시한 것인데, 응답자의 65.4%가 권태기를 경험한 것으로 나타났다.[37] 신혼 또는 젊은 부부들이니까 이 정도 비율인 것 같고, 40대 이상의 중년 부부로 확대하면 아마 모든 커플이 크고 작은 권태기를 겪는다고 봐야 한다. 더욱이 권태기를 한 번 극복했다고 해서 완전히 끝난 것도 아니다. 결혼생활을 오래 한 부부라고 하면 그게 어떤 것인지 경험적으로 안다.

생물학적 측면에서 보면 부부 사이에 권태기가 오는 것은 자연스러운 현상이다. 신혼 때 아무리 성적 매력을 느끼더라도 서로에게 익숙해지고 성행위가 반복되면 성적 쾌감이 줄어든다. 같은 자극이 계속

★

36) "권태", 『국립국어원 표준국어대사전』, https://stdict.korean.go.kr/search/searchView.do?word_no=397262&searchKeywordTo=3 (2024년 12월 17일 검색).

37) 오상훈, ""배우자가 이유 없이 짜증난다"… 부부 10명 중 6명 겪는 '권태기' 극복 비결 물어보니", 『헬스조선』, 2024년 4월 17일, https://health.chosun.com/site/data/html_dir/2024/04/16/2024041602351.html.

반복되면 우리의 뇌에서 도파민 분비가 감소하기 때문이다.

이때 우리는 배우자를 향한 사랑의 감정 상태가 이전 같지 않다는 걸 느끼게 된다. 배우자 역시 나의 감정과 정서가 이전 같지 않다는 걸 똑같이 느낀다. 언급한 설문조사의 내용을 보면, 권태기의 대표적인 증상으로 "배우자에게 이유 없이 짜증난다"고 응답한 비율이 가장 높게 나타났다.

참으로 이상하지 않은가! 분명히 연애 때나 결혼 초기에는 그(녀)가 이유 없이 사랑스럽고 매력적이었는데, 결혼생활을 시작한 지 몇 년 지나지 않아 서로에게 "이유 없이 짜증난다"고 반응한다는 것이다. 이제 서로를 향한 사랑이 변했고 더 이상 사랑하지 않는다고 생각해서 갈라서는 부부도 심심찮게 있다. 심지어 치약을 짜는 방식이나 분리수거하는 문제로 이혼하는 경우도 실제로 있다. 믿기 힘들겠지만 이혼 전문 변호사의 실제 증언이다.[38]

부부간의 이런 현상은 성도라고 해서 예외일 수는 없다. 믿는 자나 믿지 않는 자 모두 생물학적으로 다르지 않기 때문이다. 다만 우리는 부부 권태기를 극복할 수 있는 거룩한 동력을 소유하고 있다. 물론 세상의 부부들도 권태기를 잘 극복하고 관계를 회복하는 경우가 얼마든지 있다. 하지만 그들은 권태기 극복의 동력을 자신들 안에서 찾는다.

★

38) 유경상, "이혼 변호사 최유나 "살인자 피고 무서워, 치약·분리수거 탓 이혼 많아"", 『뉴스엔미디어』, 2022년 10월 26일, https://www.newsen.com/news_view.php?uid=202210260532061710#google_vignette.

아니면 이미 극복한 부부의 모습을 통해 배우는 정도이다. 언급한 설문조사에서 소개하는 권태기 극복 방법도 동일하다.

① 진솔한 대화를 통한 이해(27.7%)

② 시간이 해결한다(14.5%)

③ 함께하는 시간 만들기(10.4%)

④ 긍정적인 사고방식(9.8%)

⑤ 잠시 떨어져 각자의 시간 갖기(8.7%)

보다시피 모든 응답이 자신들 안에 있는 어떤 동력이거나 일시적인 거리두기이다. 또한 권태 극복의 가장 큰 도움은 '부부 사이가 좋은 지인'이라고 응답했다. 정리하자면, 세상의 부부들은 권태를 극복하기 위해 서로 안에 있는 어떤 동력에 의존하거나 이미 극복한 지인 부부에게서 조언을 구하는 경우이다.

그러한 방법은 크리스천 부부에게도 여전히 유효하다. 우리도 진솔한 대화를 통해 서로 이해하기를 힘써야 하고, 함께하는 시간을 자주 만들어야 하며, 긍정적인 사고방식을 통해 서로 인정하고 배려해야 한다. 또 이미 잘 극복한 지인 부부에게서 지혜로운 조언을 자주 구해야 한다.

여기에는 하나가 빠져 있다. 우리를 남편과 아내로 짝지어 주신 하나님의 사랑이다! 재차 강조하지만, 크리스천 부부는 하나님을 정점으로 하는 삼각관계이다. 부부의 사랑이 하나님께 기초하고 있음을 떠올려야 한다. 부부가 권태기에 빠졌다는 말은 그들이 처음 만나 '사랑에 빠졌다'는 말과 정확히 반대되는 말이다. 사랑에 빠져 있을 때 그들이 경험한 '사랑'은 도파민[39) 분비에 따른 성적 각성 상태이다. 이 상태는 생물학적 특징으로 자기 몸에서 일어나는 화학적인 반응인데 예외 없이 일시적이다. 그러니까 사랑에 빠져 있는 기간이 소멸되는 시점이 반드시 찾아온다는 뜻이다. 이때부터 소위 '권태기에 빠지는' 상태로 진입한다. 물론 사랑 호르몬 분비가 없는 모든 기간을 권태기로 정의하는 건 너무 지나치지만, 그럼에도 신혼 초에 사랑에 빠져 있는 상태와 대비된다는 점에서 부부의 결혼생활은 크고 작은 권태기의 연속이라고 할 수 있다.

다행히 크리스천 부부는 권태기를 극복할 수 있는 특별한(?) 방법이 있다. 사랑 호르몬이 고갈된 그 빈자리에 위로부터 부어지는 하나님의 사랑으로 채워지면 된다! 이게 어떻게 가능한 일인지는 바로 앞 글에서 신학적인 근거를 들어 설명했다. 우리가 만들어 내는 사랑은 제아무리 고상해도 반드시 유효 기간이 있다. 그것이 생물학적 반응에 따른 사랑 호르몬 분비이든, 그런 육체적 사랑이 아닌 정신적이고 형이상학적인 사랑이든지 말이다.

위로부터 부어지는 하나님의 사랑에는 끝이 없다. 권태기에 빠진

★

39) 사랑 호르몬에는 도파민 외에도 옥시토신, 엔도르핀, 페닐에틸아민 등이 있다.

크리스천 부부는 이제 이 사랑에 굶주려야 한다. 그전까지 자신들의 사랑으로 서로를 변함없이 사랑할 수 있을 것 같았는데 어느덧 그게 불가능함을 깨달은 것이다. 신혼 초에 사랑에 빠져 있을 때도 그들은 하나님의 사랑으로 서로를 사랑하고 있다고 생각했을 것이다. 물론 어느 정도는 맞는 말이다. 하나님의 사랑을 아는 형제자매가 서로 사랑하는데 그 사랑이 전혀 없다고 하면 말이 안 된다.

그 시기에는 하나님의 사랑보다는 생물학적 반응에 따른 성적 각성 상태에 빠져 있었다. 이 자체는 전혀 나쁜 것이 아니다. 성욕을 부여하신 분이 하나님이시기 때문이다. 다만 그런 상태를 인식하는 우리의 감각이 온전하지 못해 그런 로맨틱한 기간이 영원히 계속될 것 같다는(또는 계속되면 좋겠다는) 착각에 빠진다는 것이다. 그러나 하나님은 그런 착각 속에서 벗어나게 하신다. 성적 각성 상태를 '거룩하게' 인식하지 못하는 우리의 연약함을 아시기 때문에, 또한 그런 상태가 계속되면 성욕의 노예가 될 것을 아시기 때문에, 그런 상태를 거두어 가신다.

그다음에 권태기에 빠진 부부에게 하나님은 당신을 갈망하도록 유도하신다. 하나님은 '사랑의 삼각도'의 정점에 계시기 때문에 남편과 아내가 각각 하나님께 더 가까이 나아갈 때에 서로의 관계도 가까워질 수 있다.[40] 이때 남편과 아내는 서로를 다시 사랑할 수 있는 에너지를 회복하게 된다. 부부 사이에 존재하는 사랑의 출처가 그들 자신이 아

★

40) 40쪽, "하나님을 정점으로 하는 삼각관계" 참고.

니라 하나님이심을 깨닫기 때문이다. 이 순간에 또 하나의 사실을 깨닫는다. 그들이 권태기에 빠져 서로에게 "이유 없이 짜증난다"는 반응을 보인 까닭이, 사실은 그들이 하나님을 제대로 사랑하지 않는 데 있다는 걸 말이다.

권태기에 빠져 있는 부부들은 진지하게 생각해 보라. 현재 자신들이 과연 하나님을 제대로 사랑하고 있는지, 또 하나님과 자신들 사이에 '영적 권태기'가 찾아온 건 아닌지 솔직하게 자문(自問)해 봐야 한다. 하나님의 사랑으로 충만한 사람은 그 사랑에 콩깍지가 씌어 배우자를 바라볼 때 그리스도 안에서 하나님이 그(녀)를 바라보시는 것처럼 바라보게 된다. 그러니까 우리가 여전히 죄인임에도 하나님은 그리스도 안에서 우리를 마치 죄를 안 지은 의인처럼 보시는 것과 같이, 그분의 사랑에 빠진 남편과 아내도 서로를 바라볼 때 그렇게 바라본다는 것이다.

내가 상담하며 지켜본 바로는 권태기에 빠진 부부들은 이미 하나님의 사랑에서 멀어져 있었다. 사랑의 출처이신 하나님과의 관계가 이미 틀어져 있었기 때문에, 그 상태에서 배우자를 향해 도파민 분비가 더 이상 일어나지 않으니까 그 즉시 권태기에 빠지게 된 것이다. 이것은 사실 12년 전 나의 상태이기도 하다. 당시 나는 일중독에 빠져 있는 줄도 모르고 아내와의 권태기 상태를 애써 외면했다. 나중에 알고 보니 이미 나의 상태는 하나님의 사랑에서 멀어진 영적 권태기 상태였다. 요즘도 당시의 끔찍한 경험을 떠올리며 나의 상태를 자주 진단하며 일상을 살아간다.

크리스천 부부는 크고 작은 권태기를 극복하기 위해 무엇보다 하나님의 사랑으로 충만해져야 한다. 자신들의 에너지로 더 이상 배우자를 사랑할 수 없음을 솔직히 인정하고, 이제부터 하나님 안에서 제대로 된 사랑을 해 보겠다고 결심해야 한다. 여전히 남편을 보면 짜증나고 아내를 보면 화가 나지만, 그럼에도 하나님 때문에 참는다는 심정으로 그분의 사랑에 사로잡히도록 힘써 기도해야 한다. 만일 이런 의지조차 생기지 않고 그런 생각조차 하기 싫은 상태라고 하면, 진지하게 전문가의 상담을 받아 보라고 조언하고 싶다. 크리스천 부부로서는 이미 심각한 상태이기 때문이다.

모든 부부가 크고 작은 권태기를 경험하는 이유는 어쩌면 인생의 소망이 주님 밖에 없음을 깨닫게 하시려는 그분의 섭리일지도 모른다. 참으로 신기한 건, 그런 사실을 깊이 깨닫게 되면 그제야 배우자가 사랑스러워 보인다는 것이다. 이전에 배우자의 사랑을 통해 채우려고 했던 자기 내면이 이제 하나님의 사랑으로 채워져서 그렇게 된 것이다. 이런 상태가 되면 이전과는 전혀 다른 차원으로 배우자를 사랑할 수 있다. 결론은 하나님의 사랑에 제대로 콩깍지가 씌어야 배우자를 다시 사랑하며 권태기를 극복할 수 있다는 말이다.

권태기 극복 개념 정립하기

권태기 극복 방법 중의 하나로 제안하는 것이 있다. 열정적으로 사랑하는 감정만이 사랑이 아니라는 것을 깨달아야 한다는 것이다.[41] 이것은 내가 사랑의 개념을 다룰 때 『연애 신학』에서 강조한 사실이다. 사랑에는 감정의 요소 외에 의지의 요소가 강하게 작용한다. 이 둘의 관계를 바르게 이해하는 것이 대단히 중요하다. 이번에 사랑의 개념을 총체적으로 정리하려고 한다. 부부라고 해도 사랑이 뭔지 모르고 그냥 살아가는 경우가 많다.

『연애 신학』에서 논증했듯이, 사랑을 존재적으로 정의하면 "하나님이 사랑이시다"라고 표현된다.[42] 즉, 하나님의 존재 자체가 사랑이라는 것이다. 반대로 "사랑은 하나님이다"라고 표현하기를 주저하는 이유는 마치 사랑이라는 개념 자체가 하나님이라는 식으로 오해될 수 있기 때문이다. 그렇게 되면 C. S. 루이스가 지적했듯이, 만일 사랑이 곧 하나님이 되면 그것은 악마가 되어 버린다.[43] 어디까지나 하나님의 존재적 속성으로서 사랑을 이해해야 한다.

하나님의 존재를 깨닫고 하나님을 '아는' 사람은 또한 사랑이 무엇

★

41) 오상훈, ""배우자가 이유 없이 짜증난다"… 부부 10명 중 6명 겪는 '권태기' 극복 비결 물어보니", https://health.chosun.com/site/data/html_dir/2024/04/16/2024041602351.html.

42) 권율, 『연애 신학』, 50-54.

43) C. S. 루이스, 『네 가지 사랑』, 이종태 옮김 (서울: 홍성사, 2019), 22-24.

인지 알게 된다. 사랑은 하나님께 속한 것이기 때문이다(요일 4:7). 이 지점에서 모든 크리스천 부부는 자신의 사랑을 끊임없이 점검해야 한다. 배우자를 향한 사랑이 어디에 기초하고 있는지 자주 살펴야 한다. 자신이 하나님을 사랑하기 때문에 하나님께 속한 그 사랑으로 남편 또는 아내를 사랑한다는 의식을 회복해야 한다. 적어도 스스로 성도라고 생각한다면 하나님이 배제된 부부의 사랑은 불가능하다는 걸 인지하고 있어야 한다.

존재적 사랑("하나님이 사랑이시다")을 전제하는 가운데 우리는 사랑을 개념적으로도 표현할 수 있다. 즉, 사랑은 감정을 수반하는 의지의 작용이다.[44] 이것은 형식적인 측면에서 사랑을 이루는 두 요소, 즉 의지와 감정이 있는데 이 둘의 관계성을 밝혀 사랑을 개념적으로 표현한 것이다.

『연애 신학』은 주로 '연애'에 초점을 맞추다 보니, 결혼이라는 언약 관계, 부부간의 사랑에서 비롯되는 의지와 감정을 풍성하게 다루지 못했다. 사랑의 의지와 감정 자체를 일반적으로 논증하는 수준에 머물러, 의지와 감정의 뿌리가 어떻게 형성되는지 또 이 둘이 서로 어떤 영향을 주고받는지를 세밀하게 밝히지 못했다. 이제 이 책의 제목 『부부 신학』답게 '결혼'에 초점을 맞추어 좀 더 입체적으로 다루어 보려고 한다.

★

44) 권율, 『연애 신학』, 65-70.

형식적인 측면에서 사랑은 감정만도 아니고 의지만도 아니다. 사랑을 감정 상태로 이해하는 사람은 사랑 호르몬 분비에 지나친 의미를 부여하여, 이성을 향한 설렘, 심장이 두근거림, 사무친 그리움 같은 사랑(?)의 증상을 끊임없이 추구한다. 그러나 결혼한 부부는 얼마 지나지 않아 몸에서 발현되는 그런 증상들이 소멸되는 것을 경험한다. 이때부터 남편과 아내는 자신의 사랑관(사랑을 보는 관점)에 변화가 일어나는 것을 느낀다. 즉, 부부의 사랑에는 호르몬 분비에 따른 감정 상태 외에도 다른 요소가 작용한다는 사실을 자연스럽게 깨닫게 된다.

그렇지 않은 부부도 있다. 사랑의 감정 상태가 이전 같지 않아 사랑이 변질되었다고 생각해 무작정 권태기에 빠졌다고 단정해 버린다. 그래서 권태기 극복에 열을 올리는데, 이 경우에 그들이 생각하는 권태기 극복이란 사랑의 감정 상태를 이전으로 되돌리는 것이다. 하지만 생물학적으로 불가능하다. 어느 정도 이전처럼 설레는 감정과 성적인 갈망을 회복할 수 있지만, 처음 만나 '사랑에 빠져 있을' 때처럼 동일하게 회귀할 수는 없다.

따라서 우리는 권태기 극복 개념을 제대로 정립할 필요가 있다. 크리스천 부부가 권태기를 극복한다는 말은 사랑의 감정 상태가 이전 같지 않아도 여전히 변함없는 사랑의 의지를 유지한다는 의미이다. 이것의 구체적인 방법은 사랑의 의지를 붙들고 있는 지점을 정확하게 이해하여 이 부분을 강화시키는 것이다. 사랑의 의지를 붙들고 있는 지점은 앞서 언급한 대로 결혼이라는 '언약'이다. 이 언약은 수직적이고 수평적인 두 차원으로 이루어져 있다. 이미 상세하게 다룬 내용이다. 남편과 아내 사이의 수평적 언약은 각각 하나님과의 수직적 언약에 맞물려 있다. 그렇다면 부부간에 사랑의 의지가 뿌리내리고 있는 지점은 일차적으로는 수평적 언약이지만, 최후의 지점은 하나님과의 수직적 언약이며 하나님 자신이라고도 할 수 있다. 다음과 같이 그림으로 나타낼 수 있다.

그림에서 보듯이, 사랑의 의지는 땅 아랫부분이고 보이지 않는 부

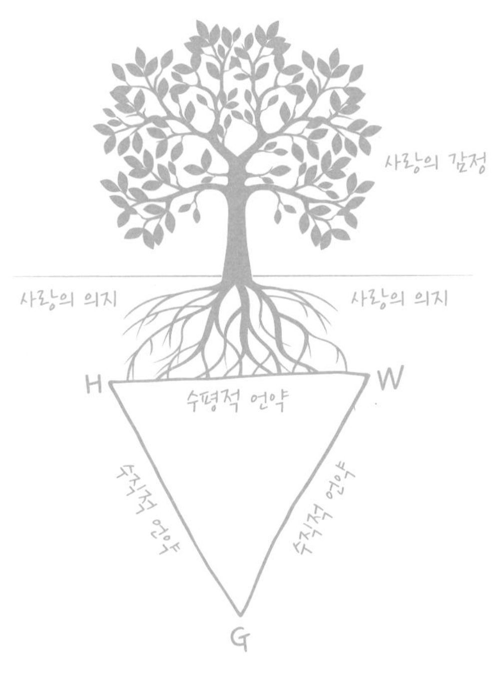

〈사랑과 언약의 구조도〉

분이다. 반면에 사랑의 감정은 땅 윗부분이고 보이는 부분이다. 이건 상식적으로 생각해도 금방 이해된다. 사랑의 감정 상태는 겉으로 보이는 표정이나 말투에 드러나기 때문에 부부가 금세 알아차린다. 반면에 사랑의 의지가 어떠한지는 겉으로 드러나지 않기 때문에 서로 속마음을 진지하게 나누어야 정확하게 파악할 수 있다. 부부간에 사랑의 의지가 무엇인지는 앞에서 상세하게 다루었다.[45)]

이제 사랑의 의지가 뿌리내리고 있는 지점을 살펴보자. 일차적으로 남편과 아내 사이의 수평적 언약에 기초하는데 현재 권태기 상황이라면 부부간의 성애적 욕망이 일어나지 않는 상태이다. 이 성애적 욕망은 하나님과의 거룩한 욕망과 또한 맞물려 있기 때문에[46)] 부부는 각각 하나님을 갈망하는 정도를 체크해야 한다. 사랑 호르몬의 유효 기간이 끝나면 평소 자신이 하나님을 갈망하는 에너지만큼 배우자를 욕망할 수 있다. 이 지점에서 만일 하나님을 갈망하는 마음이 일어나지 않는다면 영적 상태부터 점검해야 한다. 다시 말해, 수직적 언약에 기초하는, 하나님을 향한 거룩한 욕망이 없다면 그(녀)의 권태기는 영적 권태기로부터 비롯된 것이다. 하나님과의 관계가 온전하지 못해 하나님의 사랑이 없기 때문에 배우자를 욕망하기 싫은 것이다. 이 지점에서 많은 부부들이 솔직하게 대화하기를 꺼려한다. 자신은 여전히 하

★

45) 49쪽, "부부 사이에 사랑의 의지란?" 참고.

46) 90-92쪽 참고.

나님을 사랑하는데 배우자가 마음에 안 든다고 내면에서 자꾸 소리치려고 한다. 하지만 이것은 사실이 아니다.

하나님을 향한 사랑은 배우자를 향한 사랑으로 입증된다. 일반적인 사랑이 아니라 전인격적으로 욕망하는 수준이어야 한다. 신혼 때처럼 단지 성적 각성 상태를 최고조로 끌어올리라는 의미가 아니다. 결혼하고 몇 년 지나면 그것이 불가능함을 누구나 깨닫게 된다. 호르몬 분비에 따른 사랑의 감정 상태를 이전처럼 돌이키는 것이 권태기 극복이 아니라는 뜻이다.

결론부터 말하자면, 하나님이 주시는 거룩한 정서에 사로잡혀 사랑의 감정 상태에 좌우되지 않으면서 사랑의 의지를 변함없이 유지하는 것이 권태기 극복의 올바른 개념이다. 구체적으로 무엇을 말하는지 살펴보자.

정서와 감정 구별하기

이 책에는 '거룩한 정서'라는 표현이 여러 번 등장한다. 이것은 조나단 에드워즈(Jonathan Edwards, 1703-1758)의 『신앙과 정서』에 자주 나오는 말이다. 정서를 "영혼의 성향과 의지의 더욱 활발하고도 두드러진 발동"[47]이라고 정의한다. 그렇다면 거룩한 정서(holy affection)라는 말은 하나님과 관련된 영혼의 성향과 의지의 두드러진 활동이라고 이해할 수 있다. '거룩'이라는 속성이 언제나 하나님과 관련되어 있기 때문이다.

사랑의 의지가 뿌리내리는 곳은 언약이지만 그것을 계속 지탱하게 만드는 힘은 거룩한 정서에 있다. 이것은 단순한 감정과는 구별된다. 정서와 감정은 얼핏 보면 비슷해 보이지만 여러 면에서 차이가 있다. 아래의 표를 살펴보며 정리해 보자.

정서(affection)	감정(emotion)
• 영혼의 성향과 의지를 수반하는 마음(mind)의 활동 • 감정을 포함하지만 훨씬 포괄적인 개념 • 지속적인 특성	• 성향과 의지가 없이 어떠한 자극에 반응하는 물리적 감각(feeling) • 정서에 포함되지만 단독으로 존재할 수 있는 개념 • 일시적인 특성

〈정서와 감정의 차이〉

정서는 우리 영혼의 성향과 의지를 수반하는 것이며 또한 마음의 활동이다. 이때의 마음은 감성을 주관하는 마음(heart)이 아니라 이성을 주관하는 마음(mind)이다. (이런 이유로 전자를 '심정'으로, 후자를 '정신'으로 번역하기도 한다.) 따라서 정서는 감정을 포함하지만 훨씬 포괄적인 개념이고 감정 상태에 좌우되지 않는다. 그렇기 때문에 정서는 지속적인

★

47) "The affections are no other than the more vigorous and sensible exercises of the inclination and will of the soul." 조나단 에드워즈, 『신앙과 정서(개정역판)』, 서문강 옮김 (서울: 지평서원, 2009), 35.

특성을 지닌다. 하나님과 연결되어 있는 한 그 정서는 '거룩한 정서'이며, 성령님에 사로잡혀 있는 한 그 정서는 절대 소멸되지 않는다.

반면에 감정은 우리 영혼의 성향과 의지가 없이 단지 어떤 자극에 반응하는 물리적인 감각이다. 예를 들면, 가열된 쇠붙이를 만지면 자동반사적으로 뜨거움을 느끼는 것과 같다. 이때의 느낌(feeling)은 어떤 성향이나 의지가 수반되지 않는다. 그렇기 때문에 감정은 정서와 무관하게 단독으로 존재할 수 있는 개념이다. 물론 정서가 강렬해지면 감정 상태를 포함하게 된다. 또한 감정은 자극에 반응하는 물리적 감각이나 느낌이기 때문에 계속 유지되지는 않고 일시적인 특성을 지닌다. 즉, 자극이 주어지지 않으면 소멸되는 특성이 있다.

정서와 감정의 관계를 도표로 나타내면 아래와 같은데, 이것은 『연애 신학』에서 다룬 "존재적 사랑 vs. 개념적 사랑" 도표[48]와 같은 구조를 취한다.

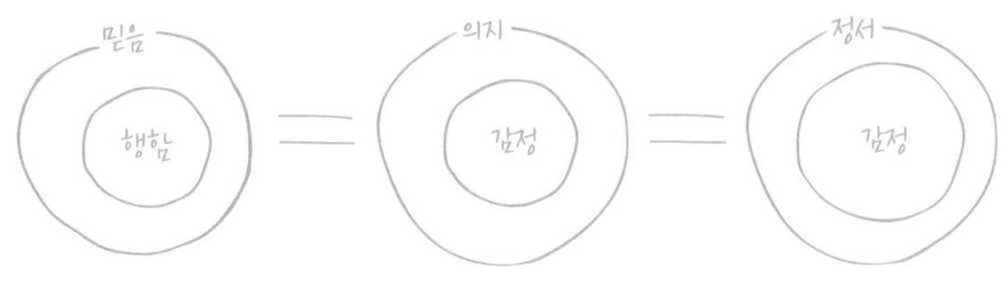

〈정서와 감정의 관계〉

48) 권율, 『연애 신학』, 67.

그렇다면 정서와 의지가 동일하다는 결론에 이르는데 실제로 그렇다. 에드워즈 역시 정서는 본질적으로 의지와 구별되지 않는다고 말한다.[49] 굳이 구별하자면, 정서는 의지보다 훨씬 강렬하고 생동감 넘치는 상태라고 할 수 있다. 그래서 그 안에 내재된 감정의 영역이 의지보다는 정서의 경우가 훨씬 크다고 보면 되는데, 이때 정서 안에 내재된 감정은 좀 더 높은 차원으로 승화된 감정 상태라고 할 수 있다. 일반적인 수준에서 사랑의 의지에서 비롯된 사랑의 감정은 성적 각성 상태에 가깝다고 할 수 있고, 거룩한 정서에서 비롯된 사랑의 감정은 '성적 각성 상태를 포함하여' 하나님을 더욱 갈망하는 영적 각성 상태에 가깝다고 볼 수 있다.

『연애 신학』에서는 결혼 전의 연애 단계에 초점을 맞추다 보니, 사랑의 의지와 감정을 일반적인 수준에서 주로 다루었다. 연애하는 커플은 언약 관계로 발전하지 않았기 때문에, 언약에 뿌리내리는 사랑의 의지를 온전히 다루는 건 성급하다고 판단했다.

이 책 『부부 신학』에서 사랑의 의지를 언약과 연결지어 '거룩한 정서'라는 형태로 총체적이고 입체적으로 다루고 있다. 부부 사이에 존재하는 사랑의 의지는 하나님을 향하는 거룩한 정서로 온전히 승화되어야 한다는 나의 확신에서 비롯되었다. 이 지점을 두고 끊임없이 훈련하는 부부가 권태기를 제대로 극복할 수 있다.

★

49) 조나단 에드워즈, 『신앙과 정서(개정역판)』, 36.

이제 좀 더 구체적으로 살피면서 적용해 보자. 결혼 전 미혼 커플에게 나타나는 사랑의 의지는 아직 뿌리내려야 할 언약이 부재하기 때문에 사랑의 감정에 휘둘리기 쉬운 상태이다. 더구나 이때는 감정 상태와 직결된 사랑 호르몬 분비가 충만해지기에 호르몬 분비 상태에 따라 더더욱 사랑의 의지가 요동치게 된다. 앞서 도표에서 보듯이, 원리적으로 사랑의 의지는 감정보다 더 포괄적인 개념이기 때문에 감정 상태에 따라 가변적일 수 없다. 그렇지만 사랑의 의지를 붙들고 있는 언약이 존재하지 않으므로 사랑의 감정 상태에 따라 의지가 소멸될 수 있는 가능성을 안고 있다.

하지만 결혼한 경우는 다르다. 부부에겐 사랑의 의지가 언약에 온전히 뿌리내려진 상태이다. 따라서 감정 상태에 따라 사랑의 의지가 소멸되지 않는다. 문제는 사랑의 감정이 이전 같지 않다는 데 있다. 결혼 관계에 있어 사랑의 의지가 감정 여부에 따라 소멸되는 건 아니지만(뿌리내리고 있는 언약 때문에), 그 의지가 감정 상태에 지대한 영향을 받는다는 데 문제가 있다. 도파민 분비가 이전 같지 않기 때문에 부부 안에 내재된 사랑의 감정은 서서히 소멸되고 이때부터 권태를 느끼기 시작한다. 게다가 바쁜 직장 일이나 육아의 분주함으로 부부 소통이 부재하게 되면서 권태기는 더욱 장기화되고 심해진다.

바로 이때 크리스천 부부는 그들 사이에 '거룩한 정서'가 임하도록 필사적으로 기도하며 노력해야 한다. 물론 권태기에 접어들면 그런 상황을 만들고 싶지도 않고 심지어 의도적으로 피하고 싶은 심정일 것이다. 그럼에도 자신의 완악한 마음을 다스리고 복종시켜 또 다른 차원의 사랑을 함께 경험하도록 온 힘을 다해야 한다! 자신 안에 내재된 힘으로는 더 이상 배우자를 사랑할 수 없다는 걸 솔직히 인정하고 성령의 도우심을 구해야 한다. 하나님의 사랑이 성령을 통하여 우리 마음에 부어지기 때문이다(롬 5:5).

이것이 바로 '거룩한 정서'라는 은혜로 우리에게 주입된다. 이 지점에서 우리는 사랑의 의지가 새로워지는 걸 경험하게 된다. 그동안 성적 각성 상태에서 비롯된 사랑의 감정에 나의 의지가 크게 영향을 받았는데, 이제 영적 각성 상태에서 비롯되는 거룩한 정서에 나의 의지가 통제되고 더 이상 감정 상태에 크게 영향받지 않는다는 걸 느낀다. 이때부터 사랑의 감정을 주관하는 것은 내가 만들어 내는 사랑의 의지가 아니라 하나님이 주시는 거룩한 정서라는 것을 깨닫게 된다. 그러므로 거룩한 정서는 사랑의 의지가 더 높은 차원으로 승화된 형태이다. 이러한 상태로 진입하는 것이 바로 크리스천 부부의 권태기 극복법이다.

거룩한 정서와 사랑의 감정

앞서 제시한 그림과 도표 3가지를 보면서 거룩한 정서와 사랑의 감정과의 관계를 살펴보자. 이 둘의 관계는 믿음과 행함의 관계에 정확하게 대응된다. 구원에 있어 믿음은 행함을 포함하는 개념이고 행함의 원인이며, 행함은 믿음의 결과로 나타난다. 즉, 예수님을 제대로 믿는 사람이라면 복음적 행함으로 그의 믿음을 입증해야 한다는 것이다.

사랑의 의지와 감정도 그런 관계성을 띠고 있다. 사랑의 의지는 감정을 포함하는 개념이고 감정의 원인이며, 사랑의 감정은 의지의 결과로 나타난다. 물론 연애 때 경험하는 사랑의 감정은 주로 도파민 분비에 따른 강렬한 성적 각성 상태이기 때문에 의지와 무관하게 나타나는 경우도 많다. 더구나 연애 때는 아직 사랑의 의지가 완전히 뿌리내리지 않은 상태이기에 온전한 인과 관계를 설정하기가 좀 애매하다.

그래서 믿음과 행함의 관계에 정확히 대응하는 관계는 결혼 이후 부부 사이에 나타나는 사랑의 의지와 감정이다. 하나님의 언약적 사랑이 우리에게 적용된 것이 구원(믿음과 행함)이고 그 언약적 사랑이 결혼한 부부(언약 관계)에게 적용되어 나타나기 때문에 그러한 대응 관계는 필연적이다.[50] 결혼에 있어 사랑의 의지는 감정 상태에 적잖은 영향을 받기 때문에, 보다 높은 차원으로 승화된 사랑의 감정을 품게 하는 거룩한 정서가 크리스천 부부에게 꼭 필요하다. 이때부터는 사랑의 의지가 나의 감정 상태보다 하나님이 주시는 거룩한 정서에 더 큰 영향을 받게 된다. 이렇게 되면 사랑의 의지가 감정의 원인으로 '온전히' 작용할 수 있다. 사랑의 의지가 하나님의 사랑에 붙들려 거룩한 정

★
50) 보다 자세한 논의는 『연애 신학』 65-70을 참고하라.

서로 나타나고, 동시에 이 지점에서 배우자를 사랑하려는 감정 상태가 형성되기 때문이다. 그래서 사랑의 의지는 본질적으로 거룩한 정서와 구별되지 않는다. 단지 강렬함과 생동감의 차이가 있을 뿐이다.

그렇다면 믿음과 행함의 관계성이 거룩한 정서와 사랑의 감정에 그대로 대응된다. 즉, 거룩한 정서는 사랑의 감정을 포함하는 개념이고 감정의 원인이며, 사랑의 감정은 거룩한 정서의 결과로 나타난다. 이때 형성되는 사랑의 감정은 이전의 성적 각성 상태에서 주로 형성된 그것과는 확연히 구별된다. 성령을 통해 부어지는 거룩한 정서, 여기에서 비롯된 사랑의 감정은 성적 각성 상태를 포함하여 하나님을 더욱 갈망하고 욕망하는 방향으로 표현된다(영적 각성 상태). 이전에 도파민 분비가 왕성할 때는 왠지 모르게 하나님을 갈망하는 것과 배우자를 욕망하는 것을 충돌 개념으로 생각했는데, 이제는 신기하게도 배우자를 욕망하면서도 하나님을 더욱 갈망하는 방식으로 사랑의 감정이 솟구치고 표현된다. 바로 이런 맥락에서 부부의 성령 충만과 성욕 충만은 비례해서 나타난다. 하나님을 뜨겁게 사랑하는 상태가 '성령 충만'이고 배우자를 전인격적으로 욕망하는 상태가 '성욕 충만'이며 이 두 가지가 맞물려 나타난다.

이런 상태는 결혼한 부부만이 누릴 수 있는 현상이다. 결혼 전 연애 때는 아직 한 몸 됨을 이루지 않았고 언약 관계에 진입하기 전이므로 성령 충만과 성욕 충만이 계속 비례해서 나타나게 할 수 없다. 더구나 이때 형성된 성욕은 거의 성적 각성 상태의 결과물이기 때문에 하나님을 온전히 인식하게 하기에는 역부족이다.

성욕이 제자리를 찾고 제 기능을 하려면 하나님이 주시는 거룩한 정서에 통제를 받아야 한다. 단지 성적 각성 상태의 결과로 형성된 성욕은 사랑의 의지와 무관하게 나타나는 경우가 많아서, 거룩한 정서를 주시는 하나님과 관계없는 애정 행각을 자주 시도하게 만든다. 결혼 전 연애 때는 더욱 그러한 위험에 노출되어 있고, 심지어 결혼한 이후에도 거룩한 정서에 통제를 받지 않으면 다른 이성을 향해 그런 위험한 도발을 시도하려고 한다.

그렇다면 사랑의 감정은 의지의 결과물로 나타나야 한다. 단순한 사랑의 의지가 아니라 하나님을 향해 있는 거룩한 정서의 결과물로 사랑의 감정이 흘러나와야 한다. 이러한 감정 상태가 배우자를 향해 풍성하게 표출되도록 여러 측면에서 서로 노력해야 한다. 그렇지 않으면 다른 이성을 향해 나의 감정이 둥지를 틀게 되는 순간을 맞을지도 모른다.

이런 원리에 대하여 다음 그림을 가지고 설명해 보겠다. 왼쪽 그림의 바깥 부분을 삭제하여 오른쪽에 제시하였다.

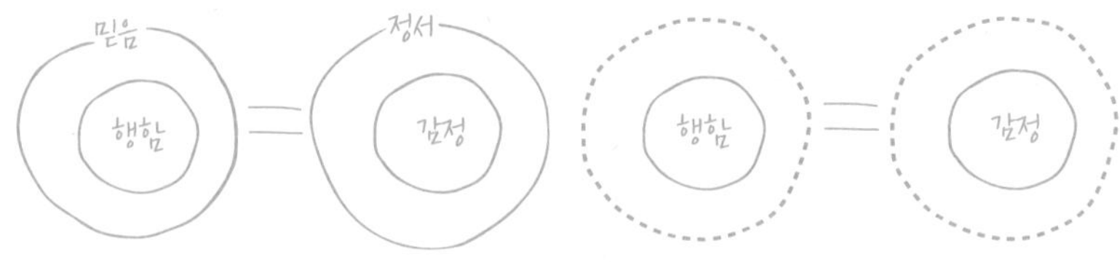

〈믿음과 행함, 정서와 감정의 관계〉

왼쪽 그림은 믿음과 행함, 정서와 감정의 관계가 온전히 형성된 상태이다. 성도의 행함이 구원하는 믿음에서 비롯되듯이, 크리스천 부부의 감정도 거룩한 정서에서 흘러나오는 상태이다. 이런 상태를 뭔가 특별한 경우라고 생각할 필요는 없다. 예수님을 믿는 사람은 정도의 차이가 있을 뿐이지 누구라도 복음적 행함을 드러낸다. 마찬가지로 크리스천 부부는 도파민 분비가 이전 같지 않으면 그때부터는 하나님을 봐서라도, 또는 하나님 때문에 부단히 배우자를 향해 사랑의 감정을 표현하려고 해야 한다. 이러한 일반적인 상태를 '사랑의 의지와 감정'이라고 표현하고, 반면에 하나님을 사랑하는 마음이 충만하여 배우자를 향한 사랑의 감정이 강렬한 상태를 '거룩한 정서와 사랑의 감정'이라고 표현할 뿐이다. 여하튼 성도라면 정도의 차이가 있을 뿐이지 왼쪽 그림의 상태로 인생을 살아가고 있다.

그런데 만일 오른쪽 그림의 상태가 된다면 어떻게 되겠는가? 행함과 감정을 통제하는 믿음과 정서가 소멸된다면 어떤 반응을 보이겠는가? 구원받은 여부와 무관하게, 사람이라면 누구나 행함을 보이고 감정을 쏟아 낸다. 일반적인 도덕적 양심에서 그들의 행함을 드러내고, 또 자신의 내재된 힘으로 만들어 내는 정서(또는 의지)에서 사랑의 감정을 표현한다. 굳이 적용하자면, 그 상태는 오른쪽 그림과 같다. 이런 상태에서 그들이 예수님을 믿고 거듭나게 되면 행함과 감정의 출처가 바뀌게 된다. 이제는 하나님과 관련된 행함, 하나님과 관련된 감정으로 각각 바뀌게 되는 것이다. 이것이 바로 왼쪽 그림의 상태이다.

이제 믿음과 행함의 관계에 빗대어 거룩한 정서와 사랑의 감정에 초점을 맞춰 논증을 이어 가 보자. 사랑의 감정 그 자체는 중립적이라고 할 수 있지만, 그것을 통제하는 틀이 사라질 때는 어느 방향으로 튈지 때로는 가늠하기 어렵다. 우리는 자신의 감정을 잘 통제할 수 있을 거라고 생각하지만, 곰곰이 생각해 보면 많은 경우 그렇지 않다는 걸 느낀다. 스스로 논리와 합리성을 갖춘 이성적 존재라고 생각하지만, 실제로는 훨씬 더 많은 상황에서 감정의 지배와 영향을 받으며 살아간다. 아무리 맞는 말이라도, 또 나쁜 짓을 하다가 들켜도 자신의 감정이 다치면 그 상황을 쉽게 받아들이지 않는다.

그래서 우리는 감정을 통제하고 다스리는 법을 훈련해야 한다. 특히 남녀 관계에 있어 사랑의 감정은 더더욱 그렇게 해야 한다. 결혼 전에 어떤 이성을 보고 남다른 감정 상태가 내면에 솟구치는 것을 경험했을 것이다. 그런 감정이 정말 소중하지만 이것이 곧 사랑이라고 결론지으면 안 된다고 『연애 신학』에서 설명했다. 사랑에는 감정의 요소와 더불어 의지의 요소가 강하게 작용하기 때문이다. 이 사랑의 의지가 점점 강화되고 뿌리내리기 시작하여 우리는 결혼이라는 언약 관계에 진입한 부부가 되었다.

이제 우리가 표출하는 사랑의 감정은 그 자체로 무한정 자유로운 상태가 아니라, 사랑의 의지(또는 거룩한 정서)라는 언약적 틀에 통제를 받고 있다. 사랑의 의지가 강렬하고 생동감 있는 형태가 거룩한 정서이듯 이것은 하나님으로부터 비롯되는 것이다. 그러므로 거룩한 정서가 소멸된다는 말은 우리에게 있는 사랑의 감정이 아무런 통제를 받지 않고 무한정으로 표출되는 상황에 놓이게 된다는 뜻이다.

우리는 남녀 관계에 있어 사랑의 감정 상태에 취약한 존재이다. 성욕이 완전히 소멸되지 않는 한 누구든지 이성을 갈망하며 그(녀)를 향해 사랑의 감정을 표출하려는 본능이 있다. 실제 성행위로 이어지지 않더라도 어떤 방식으로든지 자신의 감정과 마음을 표현하려고 한다.

이러한 상황에서 거룩한 정서가 중요한 역할을 한다. 사랑의 감정이 제자리를 지키고 배우자를 향하도록 강한 통제력을 행사한다. 거룩한 정서가 소멸되도록 스스로를 방치한다면 어떻게 되겠는가? 앞의 오른쪽 그림처럼, 틀을 상실한 사랑의 감정 상태로 계속 방치한다면 무슨 일이 일어나겠는가? 시간이 지나면서 배우자가 아닌 다른 이성을 향해 자신의 감정이 기울고 있다는 걸 발견하게 될 것이다. 심지어 그런 상태에 스스로 빠져 있다는 걸 자각하면서도 이상하리만큼 죄라고 생각하지 않는다. 하나님을 인식하게 하는 거룩한 정서가 이미 소멸되었기 때문이다.

이 지점에서 우리는 배우자를 사랑하는 것과 하나님을 사랑하는 것이 맞물려 있다는 걸 또다시 발견하게 된다. 결혼한 부부는 하나님을 온전히 사랑하지 않으면 배우자를 제대로 사랑할 수 없다. 배우자에게 표현하는 사랑의 감정이 하나님을 향해 있는 거룩한 정서의 통제를 받기 때문이다. 결혼 후 몇 년이 지나면 더 이상 이전과 같은 성적 각성 상태를 생물학적으로 경험할 수 없다. 이때부터 크고 작은 권태기가 시작되는데 이런 상황을 원래의 성적 각성 상태로 돌이키는 것이 성도의 권태기 극복이 아니라고 앞서 말했다. 크리스천 부부는 하나님을 뜨겁게 사랑하는 일에 노력해야 한다. 사랑의 감정이 하나님을 향해 있는 거룩한 정서로부터 흘러나오도록 함께 훈련해야 한다. 이 영적 훈련에 힘쓰는 부부에게 하늘의 복이 임할 것이다!

차원이 다른 사랑의 감정

감정은 정서와는 달리 성향과 의지가 없이 어떤 자극에 반응하는 물리적인 감각이라고 했다. 온도가 올라가면 우리 몸이 저절로 뜨거움을 느끼듯이 어떤 자극에 자동반사적으로 반응하는 일종의 느낌이다. 성욕도 그 자체로는 그런 감정에 속한다. (엄밀히 말하면, 성욕은 그런 감정을 일으키는 마음의 작용이다.) 남성이든 여성이든 자신의 성욕을 자극하는 대상을 보면 거기에 어떤 식으로든지 반응을 한다. 남성은 주로 시각적인 장면에 자극되어 에로틱한 감정이 생기고, 여성은 주로 로맨틱한 분위기나 친절한 매너에 자극되어 에로틱한 감정이 생긴다.

이때 우리는 감정의 특성을 잘 알고 그것을 다루는 법을 훈련해야 한다. 감정은 영혼의 성향과 의지를 수반하지 않는다. 그러니까 에로틱한 감정 그 자체로는 가치중립적이라는 것이다. 이런 특성에 따라 에로틱한 사랑의 감정은 그것이 향하는 대상이 누구냐에 따라 그것의 성격이 결정된다. 하나님 앞에서 언약으로 맺어진 배우자를 향해 있으면 그 감정은 아름답고 소중하나 배우자 외에 다른 이성을 향해 있다면 그 감정은 추악하고 부정한 것이 된다.

또 에로틱한 감정을 일으키는 성욕은 자극에 굉장히 취약하다. 그것이 물리적인 자극이든 그렇지 않은 자극이든지 간에 거의 자동반사적으로 반응한다. 사랑 호르몬이 치솟을 때 자기도 모르게 그 대상을 향해 마음이 끌리고 점점 성욕을 품게 된다는 걸 경험적으로 알고 있을 것이다. 그래서 배우자 외에 에로틱한 감정이 들지 않게 하는 방법은 그러한 자극적인 상황을 만들지 않아야 한다.

그럼에도 어떤 상황과 조건 때문에 자기도 모르게 에로틱한 감정이 생겨날 수 있다. 이때 감정의 '일시적인 특성'을 반드시 떠올려야 한다. 감정은 또한 익숙함에 취약해서 한 대상에게 계속 적응되면 더 이상 이전과 같은 감정이 생겨나지 않는다. 즉, 오랜 세월 함께하는 배우자에게 연애 때와 같은 에로틱한 감정이 생겨나지 않듯이, 배우자 외에 다른 이성에게 생겨난 그 감정 또한 일시적이어서 시간이 지나면 반드시 소멸된다.

따라서 우리의 감정 상태를 지나치게 신뢰하면 안 된다. 그렇다고 무작정 무시해도 안 되지만, 거룩한 성향과 의지가 수반되지 않은 에로틱한 감정에는 단호한 태도를 취해야 한다. 의도적으로 선포해야 한다. 배우자 외에 다른 이성에게 간혹 생기는 에로틱한 감정에 절대 속지 않겠다고 말이다!

여기에서 성욕과 관련된 감정 상태를 다룰 수 있는 외부의 힘이 있어야 함을 또다시 발견할 수 있다. 에로틱한 감정은 자극에 취약하고 일시적이며 그 자체로는 거의 자동반사적인 반응이기 때문에, 이것을 통제하는 거룩한 정서가 크리스천 부부에게는 필수적이다. 성령을 통해 하나님을 갈망하게 하는 그 정서로 충만해져야 에로틱한 사랑의 감정을 배우자에게 온전히 향하게 할 수 있다. 거룩한 정서는 사랑의 감정을 지키는 언약적 틀이기 때문이다.

놀랍게도 이때 형성된 사랑의 감정은 이전과는 여러 측면에서 사뭇 다르다. 먼저, 그 감정이 하나님을 향하게 하는 거룩한 정서에 사로잡혀 있기 때문에 배우자를 향해 사랑의 감정을 표현할 때 하나님을 동시에 인식하게 된다. 바꾸어 말하면, 그 감정의 출처인 하나님을 사랑하는 방식으로 배우자에게 사랑의 감정을 표현한다. 즉, 하나님을 사랑할 때 밀려오는 경외심에 사로잡혀 그것과 닮은 사랑의 감정을 배우자에게 순전한 마음으로 표현한다는 뜻이다. 이때 그 사랑의 감정을 경험하는 배우자는 마치 하나님의 사랑처럼 느끼게 된다.

다음으로, 거룩한 정서에서 비롯되는 사랑의 감정은 일반적인 사랑의 의지에서 비롯되는 그 감정보다는 훨씬 지속적이고 강렬하다. 일반적인 사랑의 의지가 훨씬 강렬해진 상태가 거룩한 정서라면 이때 형성되는 사랑의 감정 또한 훨씬 강렬하고 지속적일 수밖에 없다.

또한 이때의 감정이 보다 지속적일 수 있는 것 역시 영적 각성 상태와 맞물려 있다. 성적 각성 상태에서 형성된 사랑의 감정이 비록 잠잠해져도 아직 영적 각성 상태에서 비롯된 거룩한 정서로 충만해져 있기에, 여기에서 형성되는 사랑의 감정이 지속된다. 배우자를 향한 성적인 이끌림과 감정이 잠잠한 상태라고 해도, 하나님을 사랑하는 성령 충만이 배우자를 향하여 사랑의 감정으로 계속 나타난다는 것이다.

마지막으로, 거룩한 정서에서 비롯되는 사랑의 감정은 그것이 비록 약화되거나 소멸되어도 크게 요동시키지 않는다. 이 상태가 부부 권태기를 제대로 극복한 모습이다. 일반적인 사랑의 의지에서 비롯되는 사랑의 감정은 그것이 어떤 상태인가에 따라 많은 부부들의 '사랑 전선'에 영향을 미친다. 결혼 초기에 사랑 호르몬이 치솟아 사랑의 감정으로 충만할 때는 뜨겁게 사랑하다가도, 시간이 지나면서 사랑의 감정이 약화되면 사랑하려는 의지도 약해지고 급기야 부부 사이를 요동치게 만든다. 이때 형성되다가 약화되는 사랑의 감정은 성적 각성 상태에 가깝다.

하지만 거룩한 정서에서 형성되는 사랑의 감정은 사뭇 다르다. 집회 중에 하나님을 뜨겁게 예배하다가 분위기가 잠잠해져도 여전히 우리 영혼이 하나님을 온전히 향해 있는 상태를 떠올리면 된다. 마찬가지로 열정적으로 배우자를 사랑하다가 그 감정 상태가 잠잠해져도 여전히 나의 마음은 그(녀)를 향해 있다.

여하튼 크리스천 부부는 결혼 초기와는 차원이 다른 사랑의 감정을 자주 경험해야 한다. (바로 여기에 부부 권태기 극복의 비결이 있다.) 이전의 성적 각성 상태에 가까운 사랑의 감정이 이제는 영적 각성 상태에서 비롯되는 거룩한 정서에 사로잡히도록, 또 거기에서 형성되는 사랑의 감정을 자주 경험하도록 함께 노력하고 훈련해야 한다. 이 두 가지 사랑의 감정은 양자택일의 문제가 아니다. 각각 정도의 차이는 있지만 항상 맞물려 나타난다. 크리스천 부부만이 경험하는 독특한 이중적 차원의 사랑의 감정이다. 하나님을 정점으로 하는 사랑의 삼각관계이기 때문에 그러하다. 이제 그러한 사랑의 감정을 서로 어떻게 나눌 수 있는지 구체적으로 알아보자.

나눔과 적용을 위한 질문

1. 부부 권태기를 경험한 적이 있는가? 그 시기에 배우자에게 어떤 행동을 했는지, 서로 어떻게 반응했는지 진솔하게 나누어 보라. (*주의 사항: 현재 권태기 부부라면 대화 중 감정을 자제할 것.)

2. 부부 권태기를 극복하기 위해 어떤 노력이 필요하겠는가? 배우자에 대한 요구 사항보다 배우자에게 어떻게 하고 싶은지 말해 보라.

3. 연애 때와는 다른 사랑의 감정을 느낀 적이 있는가? 연애 때와 지금은 어떻게 다른지 구체적으로 말해 보라.

4. 하나님을 열정적으로 사랑하면서 배우자를 간절히 욕망한 적이 있는가? 그렇다면 부부간의 가장 이상적인, 영적이고 성적인 소통을 경험하고 있다. 그렇지 못한 부부에게 어떤 조언을 들려주고 싶은가?

CHAPTER 5

사랑하며 함께 꿈꾸는 부부

하나님 나라를 꿈꾸는 부부

사랑으로 무장하는 사명자 커플

부부가 함께 이루어 가는 사명이란?

영원하지 않기에 소중한 당신

그리스도와 교회의 신비적 연합

첫사랑이자 마지막 사랑

하나님 나라를 꿈꾸는 부부

나는 아내와 함께 하나님 나라 이야기를 자주 한다. 목사라서 의무적으로 그렇게 하는 것이 아니라 진심으로 그 나라를 갈망하며 인생을 살아간다. 일상의 에피소드를 블로그에 종종 남기는데, 2년 전에 아내와 나눴던 대화 내용이다.

> 여보, 자기 전에 잠시만 얘기해. 주님이 다시 오신다고 성경에 약속되어 있잖아. 그날이 되면 온 세상이 "새 하늘과 새 땅"(계 21:1)으로 바뀔 건데 그곳에서의 삶이 기대되지 않아? 죽어서 우리 영혼이 들어가는 낙원(중간 상태)도 영광스러운데, 이 땅에 도래할 영원한 하나님 나라(천국)가 더 영광스럽고 아름다울 거야. 주님의 재림 때 우리는 영광스러운 부활체를 입고 신랑 되신 그리스도의 거룩한 신부로 영원토록 그 나라에서 살아가게 되잖아. 그때를 꿈꾸면서 지금처럼 계속 행복하게 살자.

예전에 그런 말을 할 때는 남편을 이상하게(?) 쳐다보더니 이제는 그런 대화를 자주 나눈다. 우리 부부가 하나님 앞에서 결혼한 목적이 바로 거기에 있다.

많은 부부들이 인생을 살다가 어느 날 문득 질문할지도 모른다. 우리가 부부로 같이 살아가야 하는 이유와 목적이 무엇이냐고 말이다.

사랑하니까 같이 살아간다고 하지만, 그 사랑이 변함없다는 전제가 있어야 가능하다. 우리는 부부로서 살아가는 고귀한 목적이 있다. 결혼생활은 사랑하는 남녀(부부)가 하나님 나라를 꿈꾸는 사명자 커플이 되어 그리스도와 교회의 신비적 연합을 드러내는 인생 여정이어야 한다.

인류 최초의 부부를 보면 그 같은 사실을 발견할 수 있다. 창세기 2장에는 인류 최초의 결혼 커플이 소개된다. 하나님이 흙으로 지으신 아담을 이끌어 에덴 동산에 두셔서 그곳을 경작하며 지키게 하셨다. 또 아담에게 선악을 알게 하는 나무 열매를 제외하고 동산에 있는 다른 모든 열매를 먹을 수 있도록 허락하셨다. 그러고 나서 하나님이 말씀하셨다.

> 사람이 혼자 사는 것이 좋지 아니하니 내가 그를 위하여 돕는 배필을 지으리라 _창 2:18

이 구절을 많은 사람들이 오해하고 있다. 아담이 혼자 사는 모습을 하나님이 안 좋게 생각하셔서 그가 '외롭지 않도록' 돕는 배필을 지어 주셨다는 식이다. 문맥의 흐름을 볼 때 타당하지 않다. 아담은 외로운 게 뭔지 전혀 모르는 상태였고, 외로움은 인간이 하나님의 임재를 느끼지 못한 데서 오는 일종의 감정적 결핍인데 타락의 결과로 나타난다. 창세기 2장의 아담은 아직 범죄하기 전이었다. 하나님의 임재가 가득한 에덴 동산에 살고 있던 아담은 범죄 이후에 느끼는 외로움의 감정이 전혀 존재하지 않는다.

단지 사람이 외롭지 않도록 하나님이 짝을 지어 주시는 게 아니라는 건 부부가 경험적으로 알게 된다. 평소에 부부 신학 강의를 하면서 청중에게 자주 던지는 질문이 있다.

"외로워서 결혼했는데 같이 살아 보니 외롭지 않으시던가요?"

"외롭지 않으려고 결혼했는데 살면 살수록 왠지 더 외로우시죠?"

질문을 들은 청중의 웃음이 터져 나오곤 하지만 다들 공감하는 눈치이다. 왜 그렇겠는가? 사랑해서 결혼한 배우자라고 할지라도 그(녀)를 통해 자신의 외로움을 완전히 달랠 수 없다는 걸 같이 살면서 깨닫기 때문이다. 물론 결혼생활에 우리의 외로움을 달래는 기능이 어느 정도는 있다고 하지만, 결혼생활이 원만할 경우에 해당한다. 여하튼 창세기 2장 18절이 말하는 바는 사람이 '외롭게' 혼자 사는 것이 좋지 않아서 하나님이 짝을 만나게 하신다는 말씀이 아니다.

그렇다면 하나님이 혼자 사는 아담에게 무엇 때문에 "돕는 배필"을 주셨는가? 이유의 실마리는 몇 구절 앞에 나온다.

여호와 하나님이 그 사람을 이끌어 에덴 동산에 두어 그것을 경작하며 지키게 하시고 _창 2:15

지금 아담은 하나님이 이끄신 에덴 동산에서 경작하며 지키는 일을 혼자서 감당하고 있다. 동산을 잘 가꾸는 일은 물론 각종 들짐승과 새들의 이름을 짓는 일은 아담의 사명이기도 하다. 이러한 맥락에서 하나님은 아담에게 혼자 사는 것이 좋지 않아 돕는 배필을 지어 주시겠다고 말씀하셨다.[51)]

바로 이 지점에서 우리는 짝을 만나 결혼하는 성경적인 이유를 발견할 수 있다. 하나님이 맡기신 사명을 배우자와 함께 감당하기 위함이다. 특히 하나님이 의도하신 남편의 사명을 아내가 돕는 역할을 하는 것이다. 아내가 "돕는 배필"이라고 해서 남편보다 열등한 존재로 생각해서는 안 된다. '돕는'에 해당하는 단어가 히브리어 본문에는 명사 '에제르'(עזר)로 되어 있는데, 이 표현은 이스라엘을 도우시는 하나님을 지칭할 때 자주 사용되었다(신 33:7; 시 121:1 등).

그런데 타락 이후에는 타락 이전의 남편과 아내의 본래 역할에만 충실할 수 없는 현실이 되어 버렸다. 즉, 부부의 역할이 뒤바뀌는 경우도 있다는 것이다. 사명자로 살아가는 아내의 사명에 남편이 돕는 역할을 하는 경우도 얼마든지 있다. 그렇기 때문에 남편과 아내 중에 어느 한쪽의 사명에만 무게 중심을 둘 필요는 없다. 어느 쪽의 사명이든지 부부가 함께 동역하며 감당한다고 생각해야 한다.

★

51) 20-22절에 보면 아담이 혼자서 동물들의 이름을 짓는 상황이 나오고, 이런 맥락에서 하나님이 그에게 돕는 배필을 지어 주시는 내용이 나온다.

아담이 처한 상황은 사실 오늘날 우리의 모습이라고 할 수 있다. 아담은 하나님이 이끄신 에덴 동산에서 그곳을 경작하며 지키는 사명을 감당했다. 이때의 에덴 동산은 죄가 없고 하나님의 임재가 가득한 곳으로 장차 우리에게 도래할 완전한 하나님 나라(천국)를 예표한다. 태초의 에덴 동산이 하나님 나라의 원형(prototype)이다. 하나님의 통치라는 관점에서 우리는 이미 임한 하나님 나라에 살고 있다. 그리스도의 부활 때부터 그 나라가 본격적으로 시작되어 진행되고 있다.[52] 천국(하나님 나라)이 도래할 그날에 일어날 부활이 그리스도 안에서 먼저 일어났기 때문에 그렇게 말하는 것이다.

우리는 이미 임한 하나님 나라에 살면서 장차 임할 하나님 나라를 소망하고 있다. 아담을 에덴 동산으로 이끄신 그 하나님께서 이제는 성도들을 이미 임한 하나님 나라로 인도하셨다. 아담에게 에덴 동산을 경작하며 지키는 사명을 주신 하나님께서 이제는 우리에게 이미 임한 하나님 나라를 '경작하며 지키는' 사명을 부여해 주셨다.

그런데 우리가 살아가는 이미 임한 하나님 나라는 원래의 모습을 잃어버린 '에덴 동산'이다. 이곳에서 경작하며 지키는 사명은 잃어버린 에덴 동산을 원래의 모습으로, 또는 그 이상의 모습으로 회복하는 데 기여하는 우리의 모든 행위들이다. 하나님은 우리 없이 그 일을 이루어 가실 수 있지만, 어설프더라도 우리의 순종과 기도와 헌신을 사용

★

52) 하나님 나라(천국)의 개념을 총체적으로 간략하게 요약한 내용은 『연애 신학』 35-38을 참고하라.

하기 원하신다.

바로 이러한 실존적 상황이 우리 모두에게 처해 있는 것이다. 죄로 오염된 하나님 나라가 십자가의 복음을 먼저 경험한 우리를 통해 잘 '경작되어' 원래의 아름다운 모습으로 회복되기를 주께서 간절히 원하신다. 이 일을 사람이 혼자 감당하며 사는 모습을 하나님이 좋아하지 않으신다는 말씀이 오늘날 우리에게 적용되는 창세기 2장 18절이다.

나는 이 말씀을 결혼하기 전부터 깨닫고 있었다. 결혼해서 아내와 함께 '에덴 동산'을 경작하며 지키는 일에 인생을 드리고 싶었고, 지금도 아내와 함께 하나님 나라 이야기를 자주 하며 우리 부부에게 주신 사명에 혼신의 힘을 다하고 있다. 한때는 사명에 대한 나의 열정이 지나쳐 일중독 상태에 빠지기도 했다. 지금은 그때보다 더 분주한 일상이면서도 아내를 사랑하는 마음은 갈수록 깊어지고 있다. 아내와 함께 하나님 나라를 꿈꾸며 우리 부부에게 주신 사명을 함께 감당하며 사는 것이 기쁘기 때문이다. 요즘은 아내와 나누는 사랑의 감정이 이전과는 사뭇 다르다. 역동적인 감정 상태는 아니지만 서로 깊이 갈망하는 또 다른 차원의 로맨스를 느낀다. 거룩한 정서에서 비롯되는 사랑의 감정이 틀림없다.

사랑으로 무장하는 사명자 커플

성도의 결혼생활은 '사랑하는' 사명자 커플이 하나님 나라를 드러내는 삶이다. 그러니까 하나님 나라를 꿈꾸며 그저 사명만 감당하는 커플이 아니다. 성도의 결혼생활은 사랑과 사명이라는 두 축으로 이루어져 있다. 사랑이 빠진 결혼생활은 강박적인 일중독으로 흐르기 쉽고, 사명이 빠진 결혼생활은 바다 위에서 향방 없이 떠도는 배와 같다. 12년 전까지 나의 결혼생활은 전자에 가까웠다.

한국 교회는 전통적으로 사랑보다는 사명에 충실한 결혼생활을 선호해 왔다. 특히 사역자 부부들이 자의 반 타의 반으로 그런 결혼이 마치 성경적이고 이상적인 것인 양 스스로에게 세뇌시켰다. 교회를 위해서는 몸을 불사를 정도로 헌신하는데 정작 교회의 최소 단위인 자기 가정은 별로 신경 쓰지 않았다. 교회사에 드문 한국 교회의 부흥이 가족의 희생 위에 세워졌다는 말이 과언이 아니다. 나 역시 교회에서는 아내와 아이들에게 가까이 가지 말고 눈길도 피하라는 조언(?)을 선배 목사들에게 자주 들었다.

반면에 요즘에는 사명이 빠진 결혼생활이 한국 교회에 많아지는 것 같다. 성도들은 교회를 통해 하나님 나라를 함께 이루어 간다는 사명 의식보다는 그저 가족이 인생의 전부라는 의식이 짙어졌다. 예전 세대들은 아직 공동체 의식이 살아 있어 교회와 하나님 나라를 위해 때로는 가족을 뒤로하고 당신들의 소유와 시간을 드리는데, 갈수록 차세대들은 공동체보다 개인과 가족의 유익과 관련된 영역에서만 헌신(?)하려고 한다. 사역자들도 예외가 아니다. 교회보다는 가족을 너무 '사랑'하는 것 같다. 교회에서 사역이 마무리되지 않아도 퇴근 시간이 되면 즉시 집으로 가야 하는 권리를 보장받아야 한다. 초상이 나서 밤늦게 담임목사가 교구 담당 사역자에게 같이 가 보자고 연락해도 내일 가면 안 되냐고 당당하게 말하는 사역자도 있다. 가족을 더 '사랑'해야 하기 때문이다.

아무튼 결혼한 성도는 사랑과 사명을 동시에 추구하되 균형을 잘 잡아야 한다. 양자택일의 문제가 아니다. 성경 본문을 통해 사랑과 사명이 어떻게 조화를 이루어야 하는지 살펴보자.

창세기 2장으로 다시 돌아가 보자. 하나님은 에덴 동산을 만드시고 흙으로 지으신 아담을 거기에 두셨다. 또한 아담에게 에덴 동산을 경작하며 지키라는 사명을 부여해 주셨다. 그러고 나서 어느 날 아담을 깊이 잠들게 하신 하나님은 그의 갈빗대 하나를 취해 여자를 만드시고 그에게 데리고 오셨다. 그러자 아담은 여자를 보고 "이는 내 뼈 중의 뼈요 살 중의 살이라"(2:23)는 아름다운 '축가'를 부르며 여자와 사랑에 빠졌다. 이것이 바로 인류 최초의 연애이자 동시에 결혼 사건이다.

이렇게만 보면 하나님이 아담에게 주신 사명이 먼저이고 그 후에 사랑이 찾아왔다는 것으로 이해될 수 있다. 하나님을 제외하면 당연히 그런 논리가 타당하다. 그러나 이 책에서 주장하듯이 성도의 결혼은 하나님을 정점으로 하는 언약적 삼각관계이다. 모든 사람은 자기 짝을 만나기 전에 하나님과 먼저 언약적 관계를 맺는다. 다른 말로, 우리가 성령 안에서 그리스도와 연합되어 하나님과 수직적 언약 관계를 형성한다. 쉽게 말하면, 그리스도를 신랑으로 모시고 그분과 사랑을 나누는 영적 결혼 관계를 먼저 경험한다. 바로 이런 상태에서 우리는 짝을 만나 사랑을 나누고 결혼하는 것이다.

창세기 2장에 나오는 아담도 마찬가지이다. 그는 하나님께 사명을 받기 전에 하나님과 언약적 관계를 먼저 경험했다.[53] 하나님이 흙으로 그를 지으시고 그 코에 생기를 불어넣으심으로 그의 존재가 탄생되었는데, 조금 로맨틱하게 표현하자면 하나님이 아담에게 당신의 사랑을 표현하시는 장면이다. 마치 사랑하는 남녀가 서로 얼굴을 맞대고 사랑의 호흡을 공유하는 모습처럼 느껴진다. 삼위 하나님이 영원 전부터 나누신 그 사랑이 넘쳐흐른 것이 천지창조라고 한다면(넘쳐흐르는 사랑의 속성 때문에), 아담을 창조하실 때에도 당신의 사랑이 넘쳐흘러 그의 존재를 감싸안았다고 볼 수 있다.

그렇다면 아담은 하나님의 사랑을 안고 세상에 존재하게 되었다. 이런 그에게 하나님은 어느 날 에덴 동산을 경작하며 지키라는 사명을 부여하셨다. 하나님을 사랑하는 마음으로, 또 그 사랑이 밖으로 넘쳐흐르는 방식으로 그분의 사명을 감당하라는 의미이다. 이런 상태에서

★

53) 이를 두고 웨스트민스터 표준문서는 하나님이 아담과 '행위 언약'(또는 '생명의 언약')을 맺으셨다고 표현한다(신앙고백서 7장 2절, 대교리문답 20, 소교리문답 12).

하나님은 아담에게 “돕는 배필”을 보내 주셨다. 아담은 그녀를 보자 ‘축가’를 부르며 사랑에 빠졌고 이제 그 부부의 사랑은 시작되었다. 이 때 그 둘의 사랑은 그 자체로 머물지 않고, 하나님께 받은 사명을 이루는 데 엄청난 동력으로 작용했음이 틀림없다.

하나님과 사랑의 관계를 형성한 아담은 하나님께 사명을 받아 그 사명에 신실하게 반응하고 있었고, 이때 하나님이 보내 주신 여자를 만나 또 다른 사랑의 관계를 시작했으며, 그 둘의 사랑은 하나님이 주신 사명을 감당하는 데 큰 동력이 되었다. 정리해 보면 이렇게 된다.

사랑(with God)→사명(from God)→사랑(with 배우자)→사명(with 배우자)

보다시피 ‘사랑이 먼저냐, 사명이 먼저냐’를 따졌을 때 가장 처음에 사랑이 먼저 나온다. 하나님과 맺는 사랑의 관계가 모든 사명의 기초가 되고 또한 배우자와 맺는 사랑의 관계를 굳게 붙들고 있다. 이 사실은 하나님과의 관계가 무너지면 사명도 무너지고 배우자와의 관계도 무너진다는 것을 의미한다. 그렇기 때문에 사명자로 살아가고 싶은 사람은 가장 먼저 하나님의 사랑으로 무장해야 한다. 하나님의 사랑은 죄인을 의인으로 변화시켜 그가 새 인생을 살아가게 하는 엄청난 능력이다. 이 사랑에 사로잡히면 절대 가만히 있을 수가 없다! 사랑의 속성은 밖으로 넘쳐흐르는 것이다. 따라서 새롭게 된 그 사람은 하나님을 사랑하는 자기 마음을 어떤 식으로든지 표현하고 싶어 한다. 바로 이때 하나님은 그에게 고귀한 사명을 맡기신다. 당신을 사랑하는 마음을 마음껏 표현하며 인생을 살아가라는 것이다.

이런 사람에게 하나님은 "돕는 배필"을 보내 주신다. 혼자 사명을 감당하는 것보다 둘이 함께 뜨겁게 사랑하며 그 사명을 감당하라는 것이다. 이것은 삼위 하나님께서 서로를 완전히 사랑하시며 무슨 일이든지 함께 행하시는 것과 같은 모습이다. 우리를 하나님의 형상으로 창조하셨기 때문에 하나님은 당신과 닮은 모습으로 우리가 인생을 살아가기 원하신다.

크리스천 부부라면 생각해 보기 바란다. 나는 하나님 나라를 꿈꾸고 있는가? 그 나라가 오게 하는 일에 어떤 사명으로 인생을 살아가고 있는가? 그 사명을 두고 배우자와 함께 얼마나 자주 대화를 나누고 있는가? 둘 사이에 흘러넘치는 사랑의 에너지가 사명을 이루어 가는 데 얼마만큼 영향을 미치고 있는가?

이런 질문들에 대답할 수 없다면 결혼생활의 목적과 이유를 재정립할 필요가 있다. 성도의 결혼생활은 근본적으로 달라야 한다! 사랑하는 사람을 만나 결혼생활을 무탈하게 하면서 그 사랑을 잘 지켜 나가는 것이 가장 큰 목적이 아니라 우리는 결혼생활의 분명한 목적과 이유를 가지고 있다. 장차 도래할 그 나라를 소망하면서 하나님이 주신 사명을 부부가 함께 이루어 가야 한다. 이 일이 만만치 않기 때문에 하나님의 사랑으로 충만해지고, 서로를 향한 사랑으로 무장해야 한다. 그래야 그 사랑의 에너지로 서로를 위로하고 격려하며 그 사명을 이루어 갈 수 있다. 우리의 결혼생활이 그런 상태라고 할 수 있는가?

부부가 함께 이루어 가는 사명이란?

성도의 결혼생활이 사명자 커플로서 하나님 나라를 꿈꾸는 것이고 또 사랑으로 무장해야 한다는 것도 이제 알겠는데, 그렇다면 부부가 함께 이루어 가는 사명이 도대체 무엇이냐는 질문이 생길 수 있다. 태초의 에덴 동산에서 아담과 하와 부부에게 주어진 사명은 그곳을 경작하며 지키는 것이었다. 에덴 동산이 하나님 나라의 원형이고, 오늘날 크리스천 부부들에게 주어진 사명은 하나님 나라를 경작하며 지키는 것이라고 할 수 있다. 우리에게 무슨 의미일까?

우선 "경작하며 지키라"(창 2:15)는 말은 하나님이 인간에게 주신 '문화 사명'(cultural mandate)과 깊은 관련이 있다.[54] 하나님이 인간을 단지 자연의 일부로 창조하신 것이 아니라 오히려 창조 세계를 다스리고 돌보는 존재로 지으셨음을 가리킨다. '경작하라'는 말은 인간이 자연을 능동적으로 활용하고 창조적 활동을 통해 발전시키는 것을 의미하고, '지키라'는 말은 하나님의 창조 세계를 돌보고 보호하는 청지기(또는 관리자) 역할을 하라는 뜻이다. 그렇다면 우리가 하나님 나라를 경작하며

★

54) 신국원, 『신국원의 문화 이야기』 (서울: 한국기독학생회출판부, 2002), 136.

지키라는 말은 창조적 활동을 통해 그 나라를 발전시키고 그 나라가 계속 유지되도록 돌보고 보호해야 한다는 의미이다.

죄가 세상에 들어오면서부터 하나님 나라에 균열이 생겼다. 하나님의 통치가 여전히 미치는 영역과 하나님의 주권 하에 허용된 죄의 영역으로 나뉘었다. 복음을 믿는 크리스천 부부는 하나님의 통치를 받는 인생을 살아간다. 태초에 하나님이 아름답게 창조하신 '에덴'을 그리워하며 그때의 완전한 상태가 이 땅에 도래하기를 소망한다. 이런 맥락에서 인생을 살아가는 것이다.

그렇다면 하나님 나라를 경작하고 지키라는 말씀을 우리에게 어떻게 적용할 수 있겠는가? 죄로 오염된 이 세상에서 일상 중에 우리가 하나님 나라(하나님이 다스리시는 모든 영역)를 발전시키고 유지시키며 돌보는 모든 행위를 떠올리면 된다. 공적인 차원에서는 주로 직업에 관련되어 나타나고, 사적인 차원에서는 일상에 관련된 모든 부분이다.

직업의 영역에서는 어떻게 사명을 이루어 갈 수 있겠는가? 나는 병원 원목으로 섬기기도 하는데, 의료인은 생명을 살리고 유지시키는 방식으로 하나님 나라를 이루어 간다. 장차 임할 하나님 나라는 사망도 고통도 질병도 없는 곳이다. 죽어서 우리 '영혼'이 들어가는 낙원도 그런 곳이지만, 주님의 재림과 동시에 이 땅에서 시작되는 완전한 천국이 우리가 그토록 고대하는 영원한 하나님 나라이다. 그때가 되면 영혼과 육체가 다시 결합하여 영광스러운 부활의 몸으로 우리가 변모될 것이다.[55] 즉, 영원히 죽지 않는 완전한 건강 상태를 유지한다는 말이다.

따라서 의료 행위는 단지 질병을 고치는 수준이 아니라, 하나님 보시기에 장차 그 나라에서 일어날 완전한 건강 회복에 기여하는 특별한 의미를 지닌다. 의료 행위 자체가 그때의 완전한 건강을 가져오는 것은 아니다. 완전한 상태는 주님이 그날에 친히 이루어 주실 것이다. 다만 치료 행위를 통해 하나님 나라의 일(치유와 회복)을 부분적으로 경험할 뿐이다.

다른 모든 직장에서도 마찬가지이다. 자신이 감당하는 업무가 어떤 방식으로 하나님 나라에 기여하는지 그 의미를 부여하고 그 일에 대한 자부심을 가져야 한다. 꽃집을 운영하는 사람은 하나님 나라의 아름다움을 사람들에게 알리는 것이고, 법조인들은 하나님의 공의와 정의가 이 땅에 실현되도록 힘쓰는 것이다. 어떤 직업에 종사하든지 어떻게 하나님 나라에 기여할 수 있을지를 두고 끊임없이 고민해야 한다.

생계를 위해 힘겹게 일하는 경우도 마찬가지이다. 바로 그곳이 장차 하나님 나라로 바뀐다는 소망을 품어야 한다. 주님이 다시 오시면 이 땅의 모든 곳이 완전한 하나님 나라로 바뀐다. 그렇기 때문에 성도들은 직장에서도 하나님 나라를 꿈꾸며 살아야 한다. 마지막 그날이 되면 우리가 세상의 상속자가 될 것이다(롬 4:13). 이 말이 생소하고 어색하게 들린다면 성경을 다시 읽어 볼 것을 권한다.

우리는 위대한 사명자 커플로 부르심을 받았다. 하나님 나라를 꿈

★

55) 웨스트민스터 대교리문답 87 참고.

꾸며 사랑으로 무장된 아름다운 부부로서 인생을 살아가는 중이다. 남편 또는 아내가 직장에서 집에 오면 어떻게 위로하면 되겠는가? 인간적인 위로와 함께 그 나라를 꿈꾸며 영적 전의를 다져야 하지 않겠는가? 고충을 나누며 세상의 불의에 의분을 품으면서도 궁극적으로 주님이 다시 오실 그날에 소망을 두어야 한다.

물론 육신의 생명이 다해 우리 영혼이 낙원에 가 있을 확률이 높다. 그럼에도 그곳이 최종 목적지가 아님을 기억해야 한다. 우리 영혼이 죽어서 들어가는 그곳이 마지막이라고 생각하는 사람은 이 땅에서 말씀대로 살려는 거룩한 미련이 별로 없을 수 있다. 어차피 이 세상을 떠나는 것이 최종 구원이라고 생각하기 때문이다.

하지만 이것은 사실이 아니다! 하나님은 이 세상을 절대 포기하지 않으신다. 당신이 창조하신 원래의 아름답고 영광스러운 에덴의 모습으로(또는 그 이상으로) 반드시 회복시키신다. 그날이 되면 세상의 모든 죄악과 불의가 사라지고, 모든 생태계가 온전히 회복될 것이며, 사망도 고통도 질병도 모두 자취를 감추게 될 것이다. 이것이 바로 성경이 말하는 우리의 최종 구원이다.

모든 성도는 그날을 꿈꾸며 살아가는 존재들이다. 일상 중에 모든 영역에서 하나님 나라를 위한 사명을 부여받았다. 크리스천 부부는 서로 사랑하고 행복해하는 모습을 통해 그리스도와 교회의 관계를 자녀들에게 보여 줘야 한다. 이 지점이 가정 교육의 출발이다. 자녀들은 부모의 사랑을 받으며 하나님의 사랑과 은혜를 깨달아 간다. 가정과 교회 밖에서도 이 땅에 천국(하나님 나라)이 임한 것처럼 살아 낼 수 있어야 한다. 우리는 눈물로 기도하며 가정과 교회뿐만 아니라 세상의 모든 곳에 하나님의 통치가 미치게 해 달라고 간구해야 한다. 이러한 '아름다운' 일상을 크리스천 부부들이 살아 내야 하지 않겠는가?

크리스천 부부들은 사명이 무엇인지 분명히 정리해야 한다. 사명은 직업(또는 직장)과 동의어가 아니다. 직업은 사명을 이루는 수단일 뿐이다. 하나님은 우리가 그 직장을 통해 어떻게 살아 내는지에 큰 관심을 가지고 계신다. 이것이 우리의 사명이다. 우리가 미리 하나님 나라에서의 삶을 우리의 직장과 가정에서 최선을 다해 살아 내기를 원하신다.

직업은 바꿀 수 있다. 이제는 평생직장 개념이 사라졌다고 해도 과언이 아니다. 어느 직장을 가지든지 그 직장을 복음의 원리로 힘껏 섬기는 것이 우리의 사명이다. 이 부분에서 사명을 이루어 가는 모양과 방식이 사람마다 다르게 나타난다. 신앙생활과 가정생활이 하나님 나라를 위하는 사명을 이루어 가면 된다. 태초의 에덴 동산을 생각하면서 장차 우리 앞에 펼쳐질 아름답고 완전한 세상을 꿈꾸고 싶지 않은가?

영원하지 않기에 소중한 당신

존 파이퍼의 『결혼 신학』의 원제목은 *This Momentary Marriage: A*

*Parable of Permanence*인데, 번역하면 '이 일시적인 결혼: 영원한 것의 비유'가 된다. 원제목에서 우리는 성도의 결혼이 어떠한 특성을 지니는지 단번에 파악할 수 있다. 즉, 우리의 결혼생활이 영원하지 않고 일시적이라는 사실을 알 수 있다. 부부가 죽지 않고 영원히 같이 살 수 없기 때문에 누구나 동의하는 말이다. 하지만 단순히 부부가 영원히 함께할 수 없어서 그렇게 말하는 것이 아니라, 영원한 것을 보여 주는 그림자 역할을 하기 때문에 '일시적'이라고 말하는 것이다. 마태복음 22장의 '부활 논쟁' 본문에서 예수님의 말씀을 통해 그와 같은 사실을 알 수 있다. 거기에 보면 부활이 없다고 하는 사두개인들이 예수님께 찾아와 트집 잡으려는 의도로 질문을 던진다.

> 24선생님이여 모세가 일렀으되 사람이 만일 자식이 없이 죽으면 그 동
> 생이 그 아내에게 장가 들어 형을 위하여 상속자를 세울지니라 하였
> 나이다 25우리 중에 칠 형제가 있었는데 맏이가 장가 들었다가 죽어
> 상속자가 없으므로 그 아내를 그 동생에게 물려 주고 26그 둘째와 셋
> 째로 일곱째까지 그렇게 하다가 27최후에 그 여자도 죽었나이다 28그
> 런즉 그들이 다 그를 취하였으니 부활 때에 일곱 중의 누구의 아내가
> 되리이까 _마 22:24-28

그들이 트집 잡으려는 핵심은 부활이 있다고 말하면 사별해서 재혼한 경우에 부부 관계가 복잡해져 안 된다는 것이다. 모세 율법에 따

라 형이 죽으면 동생이 형수와 결혼해서 대를 이어야 하는데(형사취수혼), 칠 형제가 각각 그런 식으로 한 여자와 결혼해서 살면 나중에 부활할 때 그 여자가 누구의 아내가 되겠냐는 것이다. 그러니까 부활이 있다고 하면 여자 한 명을 두고 일곱 명의 남자가 자기 아내 문제 때문에 심각한 상황이 발생한다는 것이다.

그러자 예수님이 "너희가 성경도, 하나님의 능력도 알지 못하는 고로 오해하였도다"(22:29)라고 하시며 의미심장한 말씀을 들려주신다.

> 부활 때에는 장가도 아니 가고 시집도 아니 가고 하늘에 있는 천사들과 같으니라 _마 22:30

부활의 때가 되면 사람들이 장가도 안 가도 시집도 안 간다는 말씀이다. 즉, 결혼하는 일이 더 이상 없다는 것이다. 사두개인들은 만일 부활이 있다고 가정하면 현재의 결혼 제도가 부활 이후에도 계속된다고 생각했지만, 예수님의 말씀은 그들의 생각을 정면으로 부정하신다. 부활의 때가 되면 지금과는 완전히 다른 세상이 펼쳐지기 때문에 현존하는 결혼 제도 또한 존재할 필요가 없다는 말씀이다.

왜 그렇겠는가? 현세에 존재하는 결혼 제도는 영원한 것을 보여 주는 일시적인 그림자이기 때문이다. 성경은 하나님과 우리의 관계를 남편과 아내의 관계로 자주 비유한다. 물론 아버지와 자녀, 왕과 백성과의 관계 등도 있지만 특히 우리는 남편과 아내(또는 신랑과 신부)의 관계

비유에 주목해야 한다. 사랑이라는 속성을 우리에게 보여 주는 가장 생동감 있는 비유이다. 끊어질 수 없는 그분의 사랑, 서로 다른 두 존재가 하나로 연합하게 하는 그 사랑, 어떤 상황에서든지 포기하지 않는 그 사랑이 결혼 관계에 있는 두 남녀를 통해 가장 생생하게 드러난다.

신랑 되신 그리스도와 거룩한 신부인 교회의 관계가 바로 영원한 것(permanence)이다! 이 땅에서 시작되었지만 영원히 계속되는 사랑의 언약 관계이다. 이 영원한 것을 이 땅에서 보여 주는 일시적인(momentary) 비유가 바로 결혼 제도이다. 그러므로 부부의 사랑이 참으로 소중하고 고귀하지만 영원하지는 않다. 아무리 사랑하는 부부일지라도 영원한 것을 함께 바라보는 나그네의 인생 여정임을 기억해야 한다. 나이가 들면 들수록 언젠가는 사랑하는 그(녀)를 떠나 영원한 신랑 되신 그분에게로 가야 함을 느끼게 될 것이다. 영원하신 '신랑'을 영원한 하나님 나라에서 제대로 사랑하기 위해 어쩌면 이 땅에서 일시적인 결혼생활을 맛보는 것일지도 모른다.

부부의 사랑이 영원하지 않기 때문에 서로에게 더 소중한 존재임을 기억해야 한다. 테러나 사고로 추락하는 비행기 안에서 이제 곧 세상을 떠나야 함을 직감한 승객들이 한결같이 보이는 반응이 있다고 한다. 한 사람도 예외 없이 가족에게 미안해하고 사랑한다는 메시지를 남긴다는 것이다. 왜 그렇겠는가? 얼마 남지 않은 몇 분 몇 초가 그동안 가족을 더 사랑하지 못한 감정을 불러일으키고 자신의 부족한 점을 뉘우치게 만들어 마지막 짧은 순간이라도 자신의 사랑을 말하고 싶기 때문이다.

남편과 아내의 관계도 그 상황에 놓여 있음을 기억해야 한다. 영원이라는 관점에서 보면 부부가 서로 함께할 수 있는 시간은 그야말로 찰나이다. 존 파이퍼 책의 원제목(*This Momentary Marriage*)이 사실 그런 의미에 가깝다. Momentary라는 단어가 '일시적'이라는 뜻보다 '순간의' 또는 '찰나의'라는 뜻으로 더 자주 쓰인다. 영원한 것을 보여 주는 "이 찰나의 결혼"이라는 뜻이다. 결혼생활 중에 영원한 것을 갈망하는 저자의 마음을 느낄 수 있는 표현이다. 여하튼 우리는 배우자와의 사랑이 영원하지 않기에 당신이 소중하다는 걸 늘 마음에 새겨야 한다. 현재 그(녀)를 향한 나의 마음 상태는 과연 어떠한가? 이제 곧 세상을 떠나야 하는 비행기의 탑승객들처럼 반응하고 싶지 않은가?

그리스도와 교회의 신비적 연합

이제 성도의 결혼생활에 있어 어쩌면 가장 중요한 부분을 다룰지도 모르겠다. 다시 한 번 소개한다. 성도의 결혼생활은 사랑하는 남녀(부부)가 하나님 나라를 꿈꾸는 사명자 커플이 되어 그리스도와 교회의 신비적 연합을 드러내는 인생 여정이다. 크리스천 부부는 사랑으로 무장되어 하나님 나라를 위한 사명을 이루어 가는 존재인데, 부부의 인생 자체가 그리스도와 교회의 모습을 이웃에게 드러내는 것이다.

하나님께서 우리를 사명자 커플로 짝지어 주신 고귀한 목적이 있다. 사랑과 사명을 부부가 함께 공유하며 궁극적으로는 그리스도와 교회의 모습을 온 세상에 증거하기 위함이다. 용어를 쓰자면, 성도의 결혼은 교회론과 직결되어 있고 더 나아가 선교론과 맞닿아 있다. 부부 또는 가정(자녀 포함)이 교회의 최소 단위이기 때문에 결혼생활이 그리스도 안에서 행복해야 교회가 건강해지고, 또 교회가 성령 안에서 건강하고 행복해야 이웃들에게 선한 영향력을 행사할 수 있다. 이것이 바로 결혼과 맞닿아 있는 전도이며 선교이다.

몇 차례 언급했지만 사도 바울은 성도의 결혼생활을 가리켜 '큰 비밀'이라고 밝히며, 그것을 두고 "그리스도와 교회에 대하여" 말한다고 했다(엡 5:31-32). 그는 창세기 2장 24절[56]을 읽으면서 성령의 감동을 받아 그 구절이 궁극적으로 그리스도와 교회의 신비적 연합을 예표하고 있음을 깨달은 것이다. 성령께서 바울에게 그런 비밀을 깨닫게 하신 것은, 에덴 동산에서 결혼 제도를 만드실 때 이미 먼 훗날에 다가올 그리스도와 교회의 모습을 염두에 두셨다는 의미이다.

그러한 하나님의 엄청난 '비전'을 크리스천 부부들이 늘 마음에 새기고 있어야 한다. 이 글에서는 그리스도와 교회의 신비적 연합을 신학적으로 증명하기보다 실제 사례들을 소개함으로써 우리의 결혼생활을 점검해 보려고 한다. 『연애 신학』에서 닉 부이치치 부부 이야기를

★

56) 이러므로 남자가 부모를 떠나 그의 아내와 합하여 둘이 한 몸을 이룰지로다

소개한 적이 있다. 팔다리가 없는 장애의 몸을 지닌 그가 한 여자와 연애하고 결혼하게 된 스토리는 정말 많은 사람들에게 감동을 주고 있다. 외적인 모습이 어떠함에도 불구하고 불타는 사랑을 하는 둘의 모습이 마치 그리스도와 교회의 신비적 연합처럼 우리에게 느껴진다.

한국 교회에도 그런 사랑을 나누는 부부들이 존재한다. 우리 부부 이야기는 12년 전에 나의 실패한 모습 때문에 소개할 자신이 없고, 지인 목사님 부부 이야기를 소개하고 싶다. 시각 장애인 사역을 하는 목사님의 결혼 스토리이다. 이분이 청년 시절에 시각 장애인 공동체를 접하고 앞으로 목회자가 되어 시각 장애인들을 위해 살려는 소명을 받았다. 은혜가 충만할 때는 이렇게 기도했다고 한다.

> 하나님! 저를 어떻게 쓰시고 싶으신가요? 제가 시각 장애인들을 잘 안다고는 하지만, 그들의 마음을 다 이해할 수 없으니 차라리 제가 시각 장애인이 되어 목사로서 목회한다면 그들이 하나님께로 돌아올까요? 그렇게 된다면 실명해도 괜찮습니다. 저를 시각 장애인으로 만들어 주세요.[57]

참으로 기이하면서도 놀라운 기도 내용이다. 아무리 기도해도 응답이 안 되니까 어느 날 시각 장애인 교회 형의 '충고'로 기도 내용을

★

57) 정민교, 『빛 가운데로 걸어가면』 (서울: 세움북스, 2023), 199.

바꾸었다고 한다. 시각 장애인들을 섬기려면 목회자의 눈은 잘 보여야 한다는 것이었다. 그래서 기도 내용을 이렇게 바꾸었다.

> 하나님! 제가 시각 장애인이 되기보다는 저와 평생 목회할 수 있는 시각 장애인 자매를 만나게 해 주세요. 신앙관이 같고 서로 위로해 주며 마음이 잘 맞는 자매를 만나 우리가 시각 장애인들을 전도할 때 하나님의 영광이 나타나고, 시각 장애인들이 우리를 보면서 비장애인들과 함께 결혼하여 잘 사는 것을 보게 하시고, 비장애인들도 시각 장애인들과 결혼하여 사는 것도 어렵지 않고 행복하게 잘 살 수 있다는 것을 보고 알게 해 주세요![58]

마침내 '운명의 그녀'를 만나게 되었다. 그분은 시각 장애인 기독교 동호회 운영자였는데 나이가 무려 열세 살이 많았다. 서로 호감이 있다는 걸 확인하고 집요한 구애와 설득 끝에 결혼 승낙을 받아 내었다. 문제는 자매 가족의 반대였다. 사지가 멀쩡한 총각이 뭐가 아쉬워 자기 딸과 결혼하려는지 이해가 안 된다는 것이다. 그래서 자매 부모가 호적등본이나 가족관계증명서를 보여 달라고 했는데, 혹시나 이 남자가 결혼에 한 번 실패했거나 숨겨 둔 자식이 있을까 봐 확인하고 싶어서였다. 그분은 온갖 수모를 견뎌 내고 13년 연상의 시각 장애인과 결

★
58) 같은 책, 200-201.

혼에 성공했다. 기도가 5년 만에 응답되었다고 한다.

나는 이 부부의 이야기를 아내와 함께 들었다. 두 분의 결혼 스토리를 듣는 내내 누군가가 계속 떠올랐다. 우리의 영원한 신랑 되신 예수님의 모습이 머릿속에서 맴돌고 있었다. 우주 최고의 스펙을 지니신 그분이 뭐가 아쉬워서 이 땅에 사람으로 오시어 영적 장애로 점철(點綴)된 죄인을 사랑한다며 '쫓아다니시고', 또 당신의 사랑을 입증하시려고 십자가에 못 박혀 죽으셔서 어찌하여 우리를 당신의 신부로 맞이하시는지…. 인간적인 기준으로 보면 도무지 이해할 수 없는 사랑이다. 그래서 예수님과 그분의 몸 된 교회는 신비한 연합이다. 이러한 연합이 크리스천 부부들을 통해 온 세상에 증거되기를 원하신다.

또 하나의 에피소드를 소개하고 싶다. 내가 원목으로 섬기는 병원의 입원 환자의 가족 이야기이다.[59] 2020년 8월, 외과로부터 급한 연락을 받았는데 임종 직전의 환자가 병상 세례를 원한다고 했다. 한 영혼을 낙원으로 보낼 마음의 준비를 하고 병실로 들어가 보니, 임종을 앞둔 환자가 몸을 떨면서 세례를 받겠다고 흐느껴 울고 있었다. 대답이 가능한가 해서 신앙고백을 확인하는 질문을 드렸다.

> 주 예수 그리스도께서 하나님의 아들이심과 죄인의 구주이심을 믿으며, 그 어떠한 상황에서도 나의 유일한 소망이심을 믿습니까?

★

59) 권율, 『전능자의 손길』 (서울: 세움북스, 2024), 304-305.

임종을 앞두고 대답할 기력이 거의 소진되어 가족들이 함께 그분의 가냘픈 음성에 힘을 실었다. 나는 목사로서 새 생명의 탄생을 확신하고 환자에게 병상 세례를 베풀었다.

> 주 예수를 믿는 손○○ 씨에게 내가 성부와 성자와 성령의 이름으로 세례를 주노라.

그런데 옆에 서 있던 여인이 그동안의 힘겨운 사연을 들려주셨다. 오직 믿음 하나로 시각 장애인 남편과 결혼해서 지금까지 살아왔다는 것이다. 날마다 남편 곁을 지키며 남편의 눈이 되어 인생을 함께한다고 했다. 그리고 평생 어머니의 구원을 위해 기도했는데 드디어 그 기도가 응답되었다고 기뻐하셨다.

그때 나는 그리스도와 교회의 신비적 연합을 목격할 수 있었다. 영적 어둠에 빠진 하나님의 백성에게 빛으로 찾아오신 그분의 모습이 이 여인의 인생에서 증거되고 있었다. 온갖 조건을 따지며 결혼해서 살다가 마음이 안 맞아 이혼하는 많은 부부들에게 경종을 울리는 여인의 결혼 스토리이다. 그날 이후 몇 년이 지나 설교하러 어느 교회에 갔는데 그 현장에 그 부부가 앉아 있었다. 예배를 마치고 인사하러 찾아오셨는데 두 분의 모습이 어찌나 아름답게 느껴지던지 아직도 눈앞에 아른거린다.

첫사랑이자 마지막 사랑

일반적으로 남성이 여성보다 첫사랑 타령을 많이 한다. 사랑을 대하는 태도에 있어 남성과 여성이 그만큼 차이가 난다는 뜻이다. 남성이 첫사랑 타령을 많이 하는 이유는 여러 가지겠지만, 아마 성 호르몬 분비가 급격히 증가하는 사춘기 시절에 소위 '첫사랑'을 경험해서 그 기억이 강렬하게 남아 있기 때문일 것이다. 짝사랑을 했든지 서로 사랑했든지 그때의 추억이 남자에게 가장 순수한 상태로 남아 있지 않겠는가.

반면에 여성은 첫사랑 이야기를 별로 하지 않는다. 여러 가지 설명이 가능하겠지만, 여성은 남성보다 감정적인 사랑에 훨씬 익숙하기 때문에 '정말로' 이별하고 또 다른 남성을 만나게 되면 이전 남자친구와 나눴던 사랑의 감정을 완전히 삭제하기 때문이 아닐까 싶다. 그렇기 때문에 또 다른 남자를 만나 사랑을 나누면 이전의 추억과 감정은 이미 자취를 감춘 상태가 된다. 물론 과거의 기억이 살아 있겠지만 그것이 현재 연인과의 관계에 영향을 끼치지 못한다.

이러한 남녀의 특성과 사랑에 대해 아일랜드 극작가 오스카 와일

★

60) 1890년 그의 희곡 A Woman of No Importance에 나오는 표현인데 전체 문장은 다음과 같다. "Men always want to be a woman's first love. That is their clumsy vanity. We women have a more subtle instinct about things. What we like is to be a man's last romance." Oscar Wilde online, "A Woman of No Importance," accessed December 17, 2024, https://www.wilde-online.info/a-woman-of-no-importance-page12.html.

드(Oscar Wilde, 1854-1900)는 멋진 문장을 남겼다.

> 남자는 여자의 첫사랑이길 원하고, 여자는 남자의 마지막 사랑이길 원한다.(Men always want to be a woman's first love - women like to be a man's last romance.)[60)]

남성은 첫사랑에 대한 강렬한 기억 때문에 여성에게 그런 존재로 남기를 바라고, 여성은 이전 남자를 자신의 기억에서 삭제하기 때문에 지금 남자에게 마지막 사랑으로 남기를 바라는 것이다. 그렇다면 우리는 사랑이라는 특성을 어떻게 이해해야 할까? 그저 남성과 여성의 성향에 따라 "남자의 첫사랑, 여자의 마지막 사랑"이라는 식으로 나누면 되는 것일까? '부부 신학'을 다루는 책답게 성경에 기초하여 사랑의 속성을 언약적 관점에서 살펴보자.

『연애 신학』에서 나는 첫사랑 개념을 바로잡아야 한다고 했다. 일반적으로 첫사랑이라고 하면 태어나서 가장 먼저 사랑을 나눈 대상을 가리킨다. 그러니까 시간 순서상으로 맨 처음에 경험한 사랑이라는 뜻이다. 하지만 사랑의 속성을 제대로 알고 나면 그렇게 말하지 않는다. 우리는 성경에 기초하여 첫사랑 개념을 어떻게 잡을지 설정하고 거기에 우리의 사고 구조를 맞추어야 한다. 결혼생활과 관련하여 좀 더 자세하게 부각하려고 한다. 흥미롭게도 성경에 '첫사랑'(개역개정에는, "처음 사랑")이라는 표현이 나오는 본문이 있다. 요한계시록 2장 4절[61)]인데 몇 가지 역본으로 살펴보자.

> 그러나 너를 책망할 것이 있나니 너의 처음 사랑을 버렸느니라 _개역개정
>
> 그러나 내가 네게 책망할 것이 있으니 그것은 네가 첫사랑을 버린 것이다. _우리말성경
>
> Nevertheless I have *this* against you, that you have left your first love. _NKJV
>
> Yet I hold this against you: You have forsaken the love you had at first. _NIV

이 구절은 주께서 에베소 교회를 향해 경고하시는 말씀이다. 앞 문맥을 보면 그들이 주님을 위해 얼마나 수고하고 인내했는지 소상하게 소개되어 있다. 그럼에도 그들은 주님께 책망을 받았는데 그 이유는 그들의 "처음 사랑"(또는 "첫사랑")을 버렸기 때문이다. 주님을 향해 그들이 가졌던 처음 열정과 사랑을 잃어버렸다는 뜻이다. 신기하게도 열정은 그대로이지만 그 열정이 주님을 사랑하는 마음에서 비롯된 것이 아니라는 말이다. 아무리 주님을 위해 수고하고 열심을 내어도 처음에 가졌던 그 사랑의 동기가 없다면, 그 수고와 열정이 율법적인 강박이

★

61) 헬라어 본문에도 "너의 첫사랑"(τὴν ἀγάπην σου τὴν πρώτην)이라고 되어 있다.

되어 정작 주님께 별 의미가 없다는 것이다.

부부의 결혼생활에도 똑같이 적용된다. 일반적으로 부부가 신혼 때는 사랑하는 마음으로 서로 열정적인 행동을 한다. 아내가 몸이 아프면 남편이 걱정하는 마음으로 보살피고, 남편이 직장생활에서 힘들어하면 아내가 진심으로 위로하며 따뜻한 밥을 차려 준다. (역할이 반대인 경우도 얼마든지 있다.) 이런 일상적인 것뿐만 아니라 결혼기념일이나 생일이 되면 남편 또는 아내를 놀라게 하려고 깜짝 이벤트를 준비하기도 한다. 왜 그렇겠는가? 처음에 가졌던 그 사랑이 계속 유지되고 무슨 일이든지 사랑의 동기로 하기 때문이다.

그러나 시간이 지나면서 내면의 변화가 일어난다. 겉으로는 큰 변화가 없다. 아내가 건강이 나빠지면 남편이 최선을 다해(?) 돌보고, 남편이 퇴근하고 집에 와서 힘들어하면 아내는 여느 때처럼(?) 아내의 역할을 다한다. 캘린더에 체크된 생일이나 결혼기념일 알람이 뜨면 남편이 선물을 사서 아내에게 여전히 전달한다. 그런데 뭔가 빠져 있다. 부부는 처음에 누렸던 그 사랑이 없다는 걸 느끼게 된다. 이 부분에서는 남편보다 아내가 훨씬 더 민감하게 알아차린다. 그래서 아내가 남편에게 선물 말고 당신 마음을 달라고 불평하기도 한다. 처음에 함께 누렸던 그 사랑의 마음을 다시 확인하고 싶다는 것이다. 바로 이 상태가 요한계시록 2장에 나오는 에베소 교회의 모습과 비슷하다. 그런 맥락에서 "처음 사랑"(또는 "첫사랑")은 NIV 영어 성경의 번역처럼 "네가 처음에 가졌던 그 사랑"(the love you had at first)을 가리킨다.

이제 처음 사랑의 또 다른 측면을 살펴보자. "처음 사랑"이라는 표현보다 좀 더 익숙한 "첫사랑"(우리말성경, 두란노)이라는 말로 이제 대체해서 표현하겠다. 일차적으로 요한계시록 2장 4절에 나오는 첫사랑(your first love, NKJV)은 그들이 회심한 직후에 주님을 향해 처음 가졌던 사랑을 가리킨다.[62] 여기에서 "회심한 직후"라는 말에 주목할 필요가 있다. 회심은 성령께서 일으키시는 중생(거듭남)에 대한 우리의 반응인데 믿음과 회개의 요소로 구성된다. 그래서 회심은 그리스도와 맺어진 언약 관계가 시작된 것과 맞물려 있다. 쉽게 말해, 신랑 되신 그리스도께서 우리를 당신의 신부로 받아들여 영적인 결혼 관계가 시작되었다는 뜻이다. 이때 우리에게 시작되는 사랑을 또한 '첫사랑'(the first love)이라고 부르는 것이다. 이 사랑은 우리와 맺으신 언약에 기초하고 있다. 따라서 첫사랑이라고 하면 시간 순서적인 의미보다 파기될 수 없는 언약과 관련되어 있다는 걸 기억해야 한다.

생각해 보기 바란다. "예수, 나의 첫사랑 되시네"라는 찬양곡[63]을 우리가 자주 부르는데, 시간 순서적인 의미로 과연 예수님이 우리의 첫사랑이 되시는가? 예수님을 우리의 신랑으로 받아들이기 전에 우리가 과거에 어떤 존재와 사랑에 빠져 있었는가? 우리 자신도 모르게 세상의 공중 권세 잡은 자(엡 2:2)와 왜곡된 사랑에 빠져 하나님을 떠난 인

★

62) Grant R. Osborne, *Revelation*, BECNT (Grand Rapids, MI: Baker Academic, 2002), 115.
63) 네이버 VIBE, "예수 나의 첫사랑 되시네", 「예수전도단 Campus Worship」, https://vibe.naver.com/track/3037159 (2024년 12월 17일 검색).

생을 살아가고 있지 않았는가? 그러다가 성령의 역사로 우리가 예수님을 영접하고 이제 그분을 우리의 첫사랑이라고 '아주 뻔뻔스럽게' 노래하고 있다. 하지만 이 뻔뻔스러운 우리의 고백을 하나님은 기뻐 받아 주신다. 첫사랑의 의미가 당신과 우리 사이에 맺어진 그 언약에 기초하고 있다. 비록 시간 순서상으로는 처음이 아니지만, 더 이상 돌이킬 수 없고 파기되지 않는 사랑의 언약으로 인해 그분을 향해 드리는 우리의 마음을 "처음 사랑" 또는 "첫사랑"으로 받아 주신다.

또한 이 첫사랑은 이제 마지막 사랑이 된다. 그 어떠한 경우에라도 우리의 신랑이신 그분을 떠날 수 없다. 어떤 상황이 닥치더라도 영원한 '신랑'께서 우리를 포기하지 않으신다. 따라서 그분과 나누는 사랑은 '마지막 첫사랑'이 된다. 사랑의 맥락에서 우리는 처음이자 마지막을 그분과 영원히 함께하게 된다.

이제 수평적 언약 관계로 눈을 돌려 보자. 우리는 배우자를 만나기 전에 다른 대상과 사랑을 나눈 적이 있을 것이다. 일반적으로 맨 처음에 사랑을 경험한 그 대상을 두고 '첫사랑'이라고 표현한다. 하지만 이때는 결혼하기 전이고 언약 관계를 맺은 것이 아니다. 파기될 가능성이 있는 연인 관계일 뿐이다. 그러다가 어느 날 헤어지고 또 다른 대상과 사랑에 빠져 드디어 그(녀)와 결혼하게 되었다. 평생을 함께하는 사랑의 언약 관계로 진입하게 된 것이다.

그렇다면 당신의 첫사랑이 누구인지 곰곰이 생각해 보라. 언약에 기초해야 하는 그 첫사랑이 누구인지를 떠올려 보라는 것이다. 지금 인생을 함께하고 있는 배우자가 당신의 '첫사랑'이 된다! '처음'이라는 의미가 결혼 언약에 기초해야 함을 마음에 새겨야 한다. 더 이상 시간 순서적인 첫사랑에 미련을 두지 말아야 한다. 그래서 뻔뻔하게 보이더라도 남편에게 또는 아내에게 "당신은 나의 첫사랑이에요!"라는 고백을 자주 해야 한다.

더 나아가 "당신은 나의 마지막 사랑"이라고 말해야 한다. 언약에 기초한 사랑은 파기될 수 없다. 영원한 '신랑'께서 우리의 첫사랑이자 마지막 사랑이 되신다는 사실을 기억하며, 이런 원리가 배우자에게도 동일하게 적용되어야 함을 마음에 새겨야 한다. 그래서 모든 크리스천 부부는 사실상 '마지막 첫사랑'과 인생을 함께하고 있다. 비록 오스카 와일드가 남자는 여자의 첫사랑이길 원하고 여자는 남자의 마지막 사랑이길 원한다고 했지만, 크리스천 부부는 성도답게 첫사랑이자 동시에 마지막 사랑으로 인생을 함께해야 한다. 이런 사랑의 고백을 자주 하는 부부에게 하늘의 복이 임할 것이다!

나눔과 적용을 위한 질문

1. 배우자와 함께 하나님 나라에 대해 자주 대화를 나누는가? 이 주제를 두고 서로 생각을 나누고 대화한 경험을 말해 보라.

2. 배우자와 함께 하나님 나라를 위한 사명자 커플로 부르심을 받았다고 확신하는가? 그렇다면 가정에서, 직장에서 어떤 마음가짐과 태도로 살아 내고 있는가?

3. 당신의 결혼생활을 통해 그리스도와 교회의 관계를 드러내기 위하여 구체적으로 어떻게 노력하고 있는가?

4. 결혼과 동시에 배우자와 언약에 기초한 '첫사랑'을 나누고 있음을 믿는가? 서로에게 첫사랑이자 마지막 사랑의 개념이 무엇인지 나누어 보라.

CHAPTER 6

행복한 부부 관계 누리기

언약을 갱신하는 부부 성생활

키스, 경의를 표하는 숭고한 행위

배우자를 만족시키는 기쁨

하나님의 형상을 담아내는 부부

서로 복종하는 부부

자녀 교육의 출발점

언약을 갱신하는 부부 성생활

배우자를 '첫사랑'으로 고백하는 크리스천 부부는 그 사랑을 계속 유지하며 새롭게 할 의무가 있다. 부부의 사랑은 전인격적인 측면에서 확인되어야 하지만 특히 성관계를 통해 확인된다. 성경은 결혼이라는 언약적 테두리 안에서 성생활을 '적극적으로' 허용한다(창 2:24; 레 20:10; 고전 7:3-5 등). 부부간의 성생활은 단순히 욕구를 해소하는 수단 그 이상의 의미를 지닌다. 여러 가지 의미를 도출해 낼 수 있겠지만 특히 언약과 관련지어 정리해 보려고 한다.

수차례 강조한 대로 수직적 언약과 수평적 언약은 모든 측면에서 서로 맞물려 있다. 언약과 관련하여 하나님과 우리 사이를 특징짓는 요소들이 부부 사이에도 그대로 적용된다. 성령 안에서 우리는 그리스도와 연합하여 하나님과 사랑의 언약을 맺었다. 한번 맺어진 이 언약은 영원히 파기되지 않고 계속된다.

이 언약이 계속된다는 사실을 우리가 인식하는 현장이 바로 주일 예배이다. 그래서 예배는 "언약 갱신의 현장"[64]이라는 말이 있다. 예배 시간을 통해 우리는 하나님의 언약적 사랑을 또다시 경험하고 그 사랑의 힘으로 다시 일상을 살아간다. 선포되는 말씀을 통해 성령의 은혜가 충만히 부어지면, 우리 영혼의 모든 부분이 삼위 하나님 앞에 그

★

64) 권기현, 『예배 중에 찾아오시는 우리 하나님』(경산: 도서출판 R&F, 2019), 23-24.

대로 노출되어 기꺼이 그분의 통치를 받고 싶어 한다.

수평적 언약을 맺고 있는 부부 사이에도 그러한 요소가 존재한다. 여러 가지가 있겠지만 그중에서도 성생활이 중요한 요소이다. 예비 신랑과 신부가 하나님 앞에서 혼인 서약을 하고 주례자가 그들의 서약을 삼위 하나님의 이름으로 보증함으로써 그들이 '첫사랑'이 시작되었다. 신랑과 신부는 첫날밤에 그들의 언약적 사랑을 뜨거운 키스와 열정적인 성관계를 통해 처음 확인하게 된다. 자신의 존재를 그(녀)에게 모두 노출시키며 자신의 의지와 감정이 그(녀)에게 기꺼이 통제받기를 원한다. 그들의 결혼 언약이 성행위를 통해 확증되는 숭고한 순간이다.

이러한 아름답고 숭고한 순간은 한 번으로 끝나지 않는다. 부부마다 차이는 있지만 연령과 상황에 따라 주기적으로 성생활이 이루어진다. 그들의 성생활이 결혼식 당일에 맺어진 언약을 확증하는 데서 시작되었고, 그 후로 계속되는 부부 성생활은 결혼 언약을 새롭게 인식하고 갱신하는 성격이 아주 짙다.[65] 단순히 욕구를 해소하는 수단 그 이상의 의미가 담겨 있다는 것이다. 따라서 크리스천 부부는 성생활에 임하는 태도가 근본적으로 달라야 한다. 때로는 이전만큼 성적 쾌감이나 오르가즘을 경험하지 못하더라도 서로 한 몸 됨을 다시 확인하며 결혼 언약에 충실하고 있다는 사실 자체에 기뻐해야 한다.

★

65) 팀 켈러, 『팀 켈러, 결혼을 말하다』, 294-301.

그렇다면 배우자와 함께하는 부부 성생활은 현재 어떤 상태인가? 결혼 언약을 새롭게 인식하는 방편으로 성생활을 인식하고 있는가? 아니면 그저 욕구를 만족시키는 수단으로 배우자가 더욱 힘써 주기만을 바라고 있는가? 성관계 중에 당신의 몸과 마음이 배우자에게 기꺼이 통제받기를 원하는가? 아니면 당신이 마음대로 통제하여 배우자의 몸을 지배하고 싶어 하는가? 현재 배우자를 대하는 당신의 성적 심리가 하나님을 대하는 태도와 직결되어 있다는 걸 명심해야 한다. 특히 결혼한 부부는 하나님을 대하는 태도와 배우자를 대하는 태도가 근본적으로 차이가 나지 않는다.

키스, 경의를 표하는 숭고한 행위

『연애 신학』에서 나는 미혼 커플에게 키스 행위를 하지 말라고 조언했다. 이때 키스는 인사 차원의 가벼운 입맞춤이 아니라 성적인 의미가 담긴 '딥 키스'(deep kiss)를 가리킨다. 즉, 자신들의 혀를 교환하며 서로의 욕구를 절정으로 끌어올려 성관계를 하려는 행위를 말한다.

이러한 성격의 키스는 결혼한 부부에게 허용된 것이다. 키스에 담긴 언약적 성격 때문이다. 성경은 부부에게만 성행위를 허용하고 있는데 이것은 단지 성관계(성교)만을 가리키는 것이 아니다. 성행위의 절정인 성관계를 향해 나아가게 하는 성적 행동들(성기 자극, 딥 키스 등)을 모두 포함한다. 그중에서도 특히 키스 행위는 부부의 성관계와 거의 동일시된다. 『연애 신학』에서 스킨십 허용 범위와 관련하여 키스를 잠시 언급했지만, 이제 부부의 성생활과 관련하여 자세하게 다루어 보려고 한다.

성경에 'kiss'라는 단어를 검색하면 총 48회가 나온다.[66] 대부분 고대 근동 지방의 오랜 인사법을 가리키지만, 성적인 의미의 키스 행위를 가리키는 구절들도 있다.[67] 대표적으로 부부의 성애적 사랑을 아름답게 노래하는 아가서에 노골적으로 소개된다.

> 나에게 입맞춰 주세요, 숨막힐 듯한 임의 입술로. 임의 사랑은 포도주보다 더 달콤합니다. _아 1:2, 새번역
>
> Let him kiss me with the kisses of his mouth—for your love is more delightful than wine. _Song 1:2, NIV

술람미 여인이 솔로몬 왕에게 진한 키스를 바라는 내용인데 오늘날 부부가 서로에게 표현해도 손색이 없는 문장이다. 영어 성경으로 읽으면 키스 행위가 좀 더 생생하게 드러난다. 이 구절의 키스는 단순한 인사가 아니라 사랑하는 부부가 함께 나누는 성적 행위이다. 더욱이 단

★

66) 로고스 바이블에서 NKJV, ESV, NIV 등의 영어 성경으로 검색한 결과이다. 히브리어 단어(נשק)로 검색하면 구약에서 32회가 나오는데, 이 중에서 2회는 다른 뜻으로 번역되었다(창 41:40; 겔 3:13).

67) 욥 31:27; 잠 7:13; 아 1:2; 8:1.

순한 성적 충동에서 나오는 행위가 아니라 "진실한 사랑과 인격적 존중에서" 비롯되는 잘 숙성된 입맞춤이다.[68] 여하튼 성적인 의미의 키스 행위에 진실한 사랑과 인격적 존중이 반드시 수반된다는 뜻이다.

흥미롭게도 '키스'라는 단어가 종교적이고 영적인 의미를 나타내기도 한다.[69] 구약에서 바알과 같은 우상을 숭배하는 행위를 나타낼 때 키스(kiss)라는 단어를 사용한다(왕상 19:18). 이때의 키스 행위는 그 우상과 자신이 특별한 관계를 맺었다는 의미이다. 그 우상을 향해 경의와 복종과 충성을 표하겠다는 행위인데,[70] 이제 다른 신들을 섬기지 않고 바알을 향해서만 소위 '언약적 충성'을 다하겠다는 뜻이다. 이러한 맥락으로 키스라는 단어가 하나님을 향해서도 사용된다.

> 그의 아들에게 입맞추라 그렇지 아니하면 진노하심으로 너희가 길에서 망하리니 그의 진노가 급하심이라 여호와께 피하는 모든 사람은 다 복이 있도다 _시 2:12, 개역개정
>
> Kiss the Son, lest he be angry, and you perish in the way, for his wrath is quickly kindled. Blessed are all who take refuge in him. _Ps. 2:12, ESV

★

68) 강병도 편, 『카리스 종합주석 제51권: 전도서, 아가』 (서울: 기독지혜사, 2014), 540.
69) 왕상 19:18; 시 2:12; 85:10; 호 13:2.
70) Victor Harold Matthews et al., *The IVP Bible Background Commentary: Old Testament*, electronic ed. (Downers Grove, IL: InterVarsity Press, 2000), 1 Kings 19:18.

여기에 나오는 "그의 아들"은 7절[71]의 "내 아들"(my Son), 즉 하나님이 보내실 메시아(그리스도)를 가리킨다. 그래서 하나님의 아들에게 '키스'하라는 말씀은 그분의 아들이신 그리스도를 향해 최고의 경의와 복종과 충성을 표하라는 의미이다.[72] 다른 어떤 우상도 섬기지 말고 오직 그 아들(the Son)에게만 언약적 충성을 다하라는 것이다. 이처럼 키스라는 말은 당사자들 외에 제3자가 끼어들 수 없는 특별한 관계를 전제한다. 이것은 다름 아닌 언약 관계를 가리킨다.

언약과 관련하여 하나님과 우리 사이를 특징짓는 요소들이 부부 사이에도 그대로 적용되기에 '키스' 역시 그 의미를 대응하여 적용할 수 있다. 그렇다면 키스 행위(deep kiss)는 언약 관계에 있는 부부만이 누릴 수 있다. 배우자를 향해 경의와 복종과 충성을 표하는 숭고한 행위이다. 그래서 자신의 욕구부터 채우려는 조급함을 원천적으로 삼가야 한다. 배우자의 정서와 감정 상태를 우선적으로 배려하며 배우자를 잘 만족시키겠다는 마음가짐을 유지해야 한다. 단순히 성적 충동에서 비롯되는 키스 행위가 아니라 진실한 사랑과 인격적 존중에서 흘러나오는 키스이어야 한다. 이러한 아름답고 숭고한 분위기 속에서 남편과 아내는 성행위의 절정인 부부 관계를 향해 뜨거운 여정을 시작하게 된다. 이런 맥락에서 볼 때 키스 행위는 절정으로 나아가는 마지

★

71) 내가 여호와의 명령을 전하노라 여호와께서 내게 이르시되 너는 내 아들이라 오늘 내가 너를 낳았도다

72) 그래서 NASB 영어 성경은 "그 아들에게 경의를 표하라"(Do homage to the Son)고 번역하고 있다.

막 관문이며 부부 성관계와 결코 분리될 수 없다.

배우자를 만족시키는 기쁨

남편과 아내는 서로에게 성적인 즐거움과 만족을 안겨 주는 존재이다. 금욕주의에 빠져 성생활을 거부하거나 정반대로 쾌락주의에 빠져 자기 성욕만을 채우기에 급급하다면, 두 부류는 모두 성경이 말하는 성생활에 위배된다. 사도 바울은 고린도 교회를 향하여 결혼 문제에 대해 언급하는데, 그 메시지는 당시에나 오늘날에나 부부 성생활에 아주 중요한 지침을 제공한다.

> 3남편은 그 아내에 대한 의무를 다하고 아내도 그 남편에게 그렇게 할
> 지라 4아내는 자기 몸을 주장하지 못하고 오직 그 남편이 하며 남편도
> 그와 같이 자기 몸을 주장하지 못하고 오직 그 아내가 하나니 5서로
> 분방하지 말라 다만 기도할 틈을 얻기 위하여 합의상 얼마 동안은 하
> 되 다시 합하라 이는 너희가 절제 못함으로 말미암아 사탄이 너희를
> 시험하지 못하게 하려 함이라 _고전 7:3-5

우선 1세기 당시에 여성을 남편의 소유물로 취급하던 분위기를 고려할 때 바울의 가르침은 정말로 충격적이었다. "아내는 자기 몸을 주

장하지 못하고 오직 그 남편이 하며"라는 말은 바울 당시의 남성들에게 당연한 것으로 들렸지만, "남편도 그와 같이 자기 몸을 주장하지 못하고 오직 그 아내가 하나니"라는 말은 도무지 납득되지 않았을 것이다. 더욱이 부부 관계(성관계)를 일시적으로 거부할 때에 "합의상 얼마 동안은 하되"라는 말도 당시 독자들에게 정말 파격적으로 들렸다.[73)]

우리나라의 과거에도 그랬지만 1세기 당시 로마 제국에서도 남성들은 결혼 관계 외에서 성적인 자유를 누릴 수 있었다. 반면에 여성들에게는 아주 엄격한 성적 순결과 정절이 요구되었다. 하지만 바울은 그리스도 안에서 남자나 여자나 다 하나임을 깨달았기 때문에(갈 3:28), 그러한 이중 잣대를 거부하고 성생활에 있어서도 남편과 아내 모두에게 동일한 의무를 요구했던 것이다. "남편은 그 아내에 대한 의무를 다하고 아내도 그 남편에게 그렇게 할지라"(고전 7:3).

남편과 아내가 서로의 몸을 주장하라는 4절 말씀을 좀 더 묵상해 보면 부부 성생활의 핵심 원리를 발견할 수 있다. 아내가 자기 몸을 주장하지 못하고 남편이 하라는 말은 남편에게 아내의 몸을 온전히 맡기라는 뜻이다. 남편이 원할 때 아내가 자기 몸을 내어 주고 침실에서도 남편이 만족하는 방식으로 아내가 대해 주라는 말이다. 이와 마찬가지로 남편 역시 자기 몸을 주장하지 못하고 아내에게 온전히 맡겨야 한다. 즉, 아내가 원할 때 남편이 기꺼이 자기 몸을 내어 주고 침실에

★

73) 김세윤, 『하나님이 만드신 여성』 (서울: 두란노, 2004), 48.

서도 아내가 만족하는 방식으로 대해 주라는 말이다.

이 같은 원리를 한마디로 줄이면, 부부는 서로를 만족시키는 성생활을 하라는 뜻이다. 서로에게 성적인 만족을 안겨 주기 때문에 사실은 자신의 욕구를 만족시키는 것이 된다. 물론 동시에 만족을 누리면 더할 나위 없이 좋겠지만, 그게 아닐지라도 배우자가 만족하는 모습에 자신도 기뻐할 수 있어야 한다.

이 모습은 바로 삼위 하나님이 서로를 향해 보이시는 모습이다. 성부 하나님은 성자 예수님을 높이는 일에 기쁨을 누리신다. 마찬가지로 성자 예수님은 성부 하나님의 영광을 위해 당신 자신을 내어 드리기를 기뻐하신다. 성령 하나님 역시 성자 예수님의 사역을 증거하시고 성부 하나님께 영광 돌리시기를 즐거워하신다. 영원 전부터 성부와 성자와 성령님은 서로를 온전히 사랑하시고 서로를 기뻐하시며 서로를 온전히 만족해하신다.

삼위 하나님의 서로를 향한 사랑이 넘쳐흘러 하나님의 형상으로서 남자와 여자가 창조되었다. 남자와 여자가 서로를 사랑하며 갈망하는 가장 분명한 지점은 성적인 욕구에 있다. 따라서 이 성욕은 하나님의 형상을 담아내는 '예배'의 수단으로 사용되어야 한다. 삼위 하나님께서 지순(至純)한 사랑으로 서로를 만족시키시는 것처럼, 남편과 아내도 순전한 사랑으로 서로에게 민감하게 반응하며 서로의 몸과 마음을 만족시키는 일에 힘써야 한다. "적절한 방식으로 상호 만족을 주는 성적 결합은 하나님이 위대한 영적 진리를 보여 주시는 방법"[74]임을 믿어야 한다. 이토록 아름다운 부부 성생활이 왜곡된 성 문화에 오염되어 마치 부정한 것으로 인식되어서는 안 된다. 또한 결혼 관계 외에 자행되는 성생활이 마치 아름답고 로맨틱하게 묘사되는 타락한 문화에 빠져서도 안 된다. 우리의 성욕과 성생활까지도 언약 관계의 정점에 계시는 하나님과 늘 관련되어 있다는 걸 절대 잊어서는 안 된다.

하나님의 형상을 담아내는 부부

사람은 하나님의 형상을 따라 남자와 여자로 창조되었다.[75] 이 말은 사람이 하나님의 형상을 온전히 담아내려면 남자만으로도 안 되고 여자만으로도 안 된다는 뜻이다. 특히 결혼을 통해 남자와 여자가 한 몸을 이루어 둘이 함께 하나님의 형상을 담아내야 한다는 것이다. 하나님의 형상에 담긴 가장 기본적인 의미는 남녀 모두가 하나님의 대리 통치자가 된다는 것이다.[76] 따라서 부부가 한 몸으로서 서로 함께 하나님 나라를 위한 사명을 감당하는 것과 관련이 있다. 우선 창세기 1장의 창조 기사를 살펴보자.

★

74) 휘트 부부, 『즐거움을 위한 성』, 권영석 외 옮김 (서울: 한국기독학생회출판부, 2000), 21.

75) 물론 생물학적으로 남성 또는 여성으로 명확히 구분되지 않는 '간성'(intersex)으로 태어나는 경우도 있는데, 이것은 아담의 범죄 이후에 드물게 발생하는 생물학적 변이(또는 결함)로 봐야 한다.

76) 김세윤, 『하나님이 만드신 여성』, 14-15.

26하나님이 이르시되 우리의 형상을 따라 우리의 모양대로 우리가 사람을 만들고 그들로 바다의 물고기와 하늘의 새와 가축과 온 땅과 땅에 기는 모든 것을 다스리게 하자 하시고 27하나님이 자기 형상 곧 하나님의 형상대로 사람을 창조하시되 남자와 여자를 창조하시고 _창 1:26-27

26절과 27절에 걸쳐 하나님의 형상대로 사람을 창조하셨다는 걸 강조한다. 그런데 조금 특이한 점을 발견할 수 있다. 26절에서는 하나님이 "우리의 형상을 따라 우리의 모양대로"[77] 사람을 만들자고 하셨다. 유일신 하나님이 스스로를 가리켜 "우리"라는 복수로 지칭하신 것이다. 이에 대한 여러 가지 해석이 있으나 하나님의 삼위성(Threeness)을 담고 있다고 보는 것이 제일 무난하다.[78] 그러나 27절에서는 "하나님이 자기 형상 곧 하나님의 형상대로" 사람을 창조하셨다고 진술한다. 즉, 이번에는 당신 스스로를 "자기"(His)라는 단수로 지칭하신다. 이것은 하나님의 일체성(Oneness)을 강조한 것으로 볼 수 있다. 불과 한 구절 사이를 두고 하나님이 스스로를 복수와 단수로 번갈아 가며 지칭하신 것이다. 삼위일체 하나님의 존재가 26-27절에 계시되었다고 볼 수 있다.

★

77) 참고로, 히브리어 용례상 '형상'과 '모양'은 상호 교차적으로 사용할 수 있는 말이다. 한정건, 『성경주석 창세기』 (서울: 고신총회출판국, 2016), 56.

78) 더 자세한 논의는 다음을 참고하라. 송병현, 『엑스포지멘터리 창세기』, 87-88.

이러한 삼위일체 하나님의 형상대로 하나님이 사람을 남자와 여자로 창조하셨고 그 둘을 부부로 짝지어 주셨다. 부부는 '삼위일체' 하나님의 형상을 담아내는 공동체적 존재이다. 삼위(성부 성자 성령)께서 어느 한 위격을 배제한 채 존재하실 수 없듯이, 부부 사이는 배우자를 배제한 채 혼자서 하나님의 형상을 온전히 담아낼 수 없다. 결혼하는 순간부터 남편과 아내는 삼위일체 하나님의 형상을 함께 드러내는 '존재 공동체'가 된다. 하나님이 삼위성과 일체성을 동시에 지니고 계시듯이, 부부는 각각 독립된 인격체로 존재하면서 동시에 한 몸을 이루고 있다. 삼위 하나님이 스스로를 '우리'(복수)라고 칭하시며 동시에 '자기'(단수), 즉 스스로를 '하나'라고 하신 것처럼, 부부는 자신들을 '우리'라고 말하면서 동시에 '한 몸'이라고 말한다. 이런 상태를 가능하게 하는 동력은 바로 사랑이다. 그렇기 때문에 부부는 서로 사랑함으로 하나님의 형상을 담아내는 일에 힘써야 한다. 만일 부부 사이에 심각한 위기가 찾아와 서로를 경멸하고 있다면 하나님의 형상을 파괴하는 죄를 범하고 있는 것이다.

사람이 하나님의 형상대로 창조되었다는 말은 삼위일체 하나님의 속성에 남성성과 여성성이 모두 포함되어 있다는 뜻이기도 하다. 하나님의 '여성성'이라는 말이 자칫 오해되기 쉽지만, 신학자의 용례[79]를 따

★

79) 송민원, "하나님의 여성성을 나타내는 "라함(רחם)"에 대한 묵상", Institute for Biblical Preaching, 2021년 8월 25일, https://ibp.or.kr/wordspostachio/?bmode=view&idx=7632817.

라 그대로 표현하려고 한다. 성부 하나님과 성자 예수님은 성경에서 '남성'으로 계시된다. 그렇다고 우리가 생각하는 생물학적 남자와 동일시하면 안 된다. 무한하신 하나님의 존재를 유한성에 갇힌 인간 남성에 가둘 수 없기 때문이다. 흥미롭게도 성령 하나님이 구약에서는 '루아흐'(רוח)라는 히브리어 여성 명사로 지칭되고, 신약에서는 '프뉴마'(πνεῦμα)라는 헬라어 중성 명사로 지칭된다. 물론 이때의 성은 생물학적인 성(sex)이 아니고 문법적 요소로서의 성(gender)이다.

아무튼 하나님의 위격을 지칭하는 성이 다양한 것으로만 봐도 하나님의 속성에 '남성성'만 있는 것이 아님을 알 수 있다. (참고로, 문법적 성이 생물학적 성과 반드시 일치하는 것은 아니지만, 그럼에도 생물학적 특성과 관련되어 있다.) 하나님의 자녀들을 한없이 품고 사랑하며 당신의 품 안에 끝까지 지키시는 그 모습에서 우리는 하나님의 여성성을 엿볼 수 있다.[80]

그렇다면 부부의 남성성과 여성성이 한데 어우러져 하나님의 형상을 총체적으로 드러낸다고 생각할 수 있다. 이런 맥락에서 보면, 하나님의 형상을 담아내는 일에 남편과 아내는 어느 누구도 우위를 점령하지 못한다. 서로가 상호 보완적으로 존재하며 사랑의 띠로 함께 묶여 있을 때에 온전한 하나님의 형상으로 서 있게 된다. 당신은 배우자의 모습을 어떻게 인식하고 있는가? 하나님의 형상을 함께 담아내는 사랑의 파트너로 생각하고 있는가?

★

80) 같은 사이트.

더 나아가 하나님의 형상을 부부가 담아낸다는 말은 그리스도의 모습을 결혼생활에 담아내는 것이다. 그리스도가 하나님의 형상이기 때문이다(고후 4:4; 골 1:15; 히 1:3). 그리스도께서 하나님을 얼마나 사랑하시는지 또 당신의 몸 된 교회를 얼마나 사랑하시는지 부부가 함께 깨닫고 바로 그러한 그분의 모습을 결혼생활 중에 담아내야 한다. 따라서 남편과 아내가 하나님의 형상을 얼마나 잘 담아내는지는 그 둘이 하나님을 얼마나 사랑하고 교회 공동체를 얼마나 사랑하는지에 달려 있다. 부부가 하나님의 형상을 담아내는 존재 공동체이긴 하지만, 그 형상의 실체는 교회의 머리이신 그리스도라는 사실을 잊어서는 안 된다. 결혼한 부부 스스로가 하나님의 형상을 담아내는 것이 아니라 그들의 영원한 신랑 되신 그리스도를 통하여 하나님의 형상을 담아내는 것이다.

또한 그리스도는 "보이지 아니하는 하나님의 형상"(골 1:15)이 우리 눈으로 보이게 나타나신 분이다. 마찬가지로 그리스도를 신랑으로 모시는 부부도 보이지 않는 하나님의 형상을 그리스도를 통하여 이웃에게 '보여 주는' 존재이다. 에베소서 5장 31-32절에 따르면 결혼한 부부의 모습을 통해 그리스도와 교회의 모습이 드러나야 하기 때문에, 하나님의 형상을 부부가 담아낸다는 말은 결국 그리스도와 교회의 모습이 어떠한지 결혼생활을 통해 '보여 주는' 것이다. 다시 말해, 보이지 않는 하나님의 형상이 크리스천 부부를 통해 보이게 되는데 그것은 결국 그리스도와 교회의 신비적 연합이다!

서로 복종하는 부부

결혼생활 중에 그리스도와 교회의 모습을 보여 줄 때 고려할 사항이 있다. 남편과 아내의 관계를 통해 그리스도와 교회의 모습을 보여 주는 건 맞지만, 이 둘의 관계가 모든 면에서 항상 대응 적용되는 것은 아니다. 그러니까 남편을 그리스도에 대응시키고 아내를 교회에 대응시켜, 교회는 자신의 머리인 그리스도께 복종해야 하니까 남편이 아내에게 무조건 복종을 요구하는 식으로 접근하면 안 된다는 것이다. 왜냐하면 남편이 곧 그리스도가 아니며 아내가 곧 교회가 아니기 때문이다. 성경은 남편에게 그리스도와 같은 역할을 요구하지만, 동시에 우리는 남편이 불완전한 죄인임을 고려해야 한다. 에베소서 5장에는 '아내와 남편'에 관한 본문이 나온다.

> 22아내들이여 자기 남편에게 복종하기를 주께 하듯 하라 23이는 남편
> 이 아내의 머리 됨이 그리스도께서 교회의 머리 됨과 같음이니 그가
> 바로 몸의 구주시니라 24그러므로 교회가 그리스도에게 하듯 아내들
> 도 범사에 자기 남편에게 복종할지니라 _엡 5:22-24

공교롭게도 남편들이 좋아할 만한 권면부터 시작되고 있다. 아내들이 자기 남편에게 복종해야 한다고 하는데 주님께 복종하듯이 하라고 권면한다. 그 이유를 바울이 설명하는데, 그리스도께서 교회의 머

리가 되신 것처럼 남편이 아내의 머리가 되기 때문이라는 것이다. 그렇기 때문에 교회가 그리스도께 복종하는 것처럼 아내들이 범사에 자기 남편에게 복종해야 한다고 말한다.

이쯤 되면 바울의 권면을 듣는 오늘날 아내들의 마음이 불편해질 것 같다. 남편들은 상대적으로 '환호성'을 지를지도 모르겠다. 하지만 우리는 성경 본문을 정확하게 해석하고 적용해야 한다. 우선 이 본문은 앞 문맥과 이어져 있다. 바울은 지금 에베소 교회 성도들에게 그리스도의 몸 된 교회가 어떠해야 하는지 여러 측면에서 권면하고 있다. (참고로, 에베소서는 교회론의 정수이다.) 5장에만 국한시켜 보더라도 성도들에게 하나님을 본받는 자가 되라고 하며 그리스도께서 너희를 사랑하신 것 같이 너희도 사랑 가운데서 행하라고 권면한다(1-2절). 그리고 온갖 죄악들을 멀리함으로 빛의 자녀들처럼 행하라고 말하며(3-14절), 지혜와 분별력을 가지고 성령으로 충만하여 주님을 찬송하며 아버지 하나님께 감사하라고 권면한다(15-20절). 그러고 나서 "그리스도를 경외함으로 피차 복종하라"(21절)는 말씀을 덧붙인다. 바로 이런 흐름 속에서 '아내와 남편'에 관한 본문이 이어지는 것이다.

그렇다면 아내와 남편들 역시 에베소 교회의 성도들이기 때문에 앞의 권면 내용이 그대로 적용되는 상태로 그들에게 새로운 권면(22절)이 이어진다고 생각해야 한다. 특히 바로 앞 구절에서 바울이 뭐라고 권면하고 있는가? "그리스도를 경외함으로 피차 복종하라"고 권면한다. 그렇기 때문에 그리스도를 경외함으로 서로 복종하는 부부라는 전제 하에 사도 바울이 "아내들이여 자기 남편에게 복종하기를 주께 하듯 하라"고 말하는 것이다.

특히 바울이 아내들을 먼저 거론하는 것은 어쩌면 그리스도께 복종하는 에베소 교회의 모습이 남편에게 복종하는 아내들의 모습을 통해 더 밝히 증거되기를 원하는 마음일지도 모른다. 아내들에게 복종부터 요구하려는 의도라기보다 그리스도를 믿는 아내들에 대한 더 큰 기대감일지도 모른다.

여하튼 그리스도를 경외함으로 서로 복종하는 부부에게 바울은 특히 아내들이 자기 남편에게 복종하기를 주께 하듯 하라고 권면한다. 여기에서 "주께 하듯 하라"는 말이 무슨 뜻이겠는가? 일차적으로는 남편이 아닌 주님께 절대적으로 복종하라는 뜻이다. "하듯"이라는 말은 그 둘이 비슷하지만 똑같은 것은 아니라는 의미이다. 즉, 아내가 주님께 복종하는 것과 남편에게 복종하는 것이 서로 비슷해 보이지만 완전히 똑같지는 않다는 말이다.[81] 그렇기 때문에 아내는 먼저 주님께 절대적으로 복종해야 한다.

이 지점에서 아내들은 남편의 영적 상태를 분별해야 할 책임이 있다. 자기 남편이 주님께 복종하지도 않고 세상 죄악에 빠져 있다면 어떻게 해야 하겠는가? 그럼에도 불구하고 주께 복종하듯 남편에게 무조건 복종해야겠는가? 아니면 "그리스도를 경외함으로 피차 복종하

★

81) 존 파이퍼, 『결혼 신학』, 87.

라"는 말씀대로, 남편이 그리스도를 경외하며 그분께 복종하도록 조력하면서 남편의 말에 지혜롭게 순종해야겠는가? "자기 남편에게 복종하기를 주께 하듯 하라"는 권면은 남편 역시 주께 복종한다는 걸 전제하고 있다. 따라서 남편이 그리스도를 경외하지도 않고 주께 복종하지도 않는다면, 우선적으로 아내가 경외하는 그리스도를 남편이 경외하고 복종하도록 유도해야 한다. 그렇지 않고 남편에게 무작정 복종하기만 한다면 그리스도보다 남편을 더 섬기는 우상숭배를 범하는 꼴이 된다.

남편이 그리스도를 경외하는데도 복종하지 않는 아내들은 바울의 권면을 하나님의 말씀으로 받아들여야 한다. 그리스도께서 교회의 머리 되신 것처럼 남편이 아내의 머리가 되기 때문이다. (나는 이것을 남편의 '언약적 머리 역할'이라고 부른다.) 그리스도의 머리 되심은 억압과 군림이 아니라 돌보심과 책임의 표현이고,[82] 남편이 머리가 된다는 말은 아내를 돌보고 아내를 책임진다는 의미이다. 그리스도를 경외하며 아내를 돌보고 책임지는 남편인데도 복종하지 않는 아내들은 사실 남편이 아니라 그리스도께 복종하지 않는 것이다.

이제 바울은 아내들이 아주 환호할 만한 권면을 들려준다. "남편들아 아내 사랑하기를 그리스도께서 교회를 사랑하시고 그 교회를 위하여 자신을 주심 같이 하라"(엡 5:25). 그리스도께서 교회를 얼마나 사랑

★

82) 길성남, 『에베소서 어떻게 읽을 것인가』(서울: 한국성서유니온, 2005), 424.

하시는지는 모든 성도들이 익히 알고 있다. 당신의 모든 것을 희생하시고 심지어 목숨까지 십자가에 내어 주실 만큼 교회를 사랑하신다. 지금도 교회를 향한 그리스도의 사랑은 성령을 통하여 계속되고 있다. 결코 변하지 않는 영원한 사랑이다. 영적 도파민이 줄어들지 않는 완전한 사랑이 바로 교회를 향한 그분의 사랑이다.

이러한 사랑을 남편이 아내를 향하여 보여 주라는 말이다. 앞에서 자세히 다루었지만, 남자는 결혼하고 나서 시간이 좀 지나면 사랑 호르몬이 나오지 않아 원래대로 돌아가는 습성이 있다. 이전처럼 아내를 열정적으로 사랑하기 힘들어한다. 하나님이 바울을 통해 주신 권면은 그러한 남편들의 상태를 원천적으로 봉쇄한다. 남편들의 완벽한 모델이신 그리스도를 본받아 아내를 변함없이, 그것도 자신의 모든 것을 내어 줄 정도로 사랑하라고 권면한다. '아내가 사랑받을 짓을 해야지 그렇게 사랑할 수 있는 게 아니냐'는 변명도 통하지 않는다. 교회가 그리스도께 사랑받을 처신을 해야 그분이 교회를 사랑하시는 것은 아니기 때문이다. 교회의 모습은 당신이 보시기에 늘 부족하지만, 그럼에도 불구하고 교회를 사랑하시고 거룩하게 하셔서 마침내 당신 앞에 영광스러운 모습으로 세워 주신다(5:26-27).

남편들이여, 신부 된 교회를 이렇게 세워 주시는 영원한 신랑을 본받고 싶지 않은가? 아내를 향한 그런 사랑을 지속하는 남편이라면, 아내들이 복종하지 않을 이유가 전혀 없다. 이런 맥락에서 사랑은 자발적인 복종을 이끌어 내는 진정한 동력이다. 그런 순전한 사랑을 아내에게 보여 주는데도 만일 아내가 남편에게 복종하지 않는다면, 분명히 그 아내는 그리스도를 경외하지도 않고 그분께 복종하지도 않는 완고한 상태이다. 이런 경우에는 아까 아내들에 대한 조언처럼 남편들이 우선 자기 아내가 그리스도를 경외하고 그리스도께 복종하도록 유도해야 한다.

남편과 아내는 서로 복종하는 관계이다. 부부가 함께 그리스도를 경외함으로 '함께' 그분에게 복종하는 가운데, 아내는 남편에게 복종하기를 주께 하듯 하고 남편은 그리스도께서 교회를 사랑하시는 것처럼 아내를 진심으로 사랑해야 한다. 이러한 모습이 바로 결혼생활 중에 그리스도와 교회의 모습을 이웃에게 '보여 주는' 것이다. 결혼생활이 이렇게 되기를 꿈꾸고 싶지 않은가?

자녀 교육의 출발점

2020년 11월에 tvN 채널에서 「산후조리원」이라는 드라마가 8부작으로 방영된 적이 있다.[83] 극 중의 두 인물이 전설의 베이비시터(babysitter)를 구하려고 면접을 보는 과정에서 나온 흥미로운 대사이다.

★

83) 배우 엄지원, 박하선, 장혜진 등이 출연하였다. tvN, 「산후조리원」, 2020.11.02. ~ 2020.11.24., https://tvn.cjenm.com/ko/birthcare.

조은정 역의 박하선 씨가 애처로운 말투로 말한다.

> 선생님도 이런 얘기 잘 아시죠? 딸이 둘이면 금메달. 아들 하나에 딸 하나면 은메달. 아들만 둘이면 노메달. 그리고 아들만 셋이면 목메달. 목메달 저를 불쌍하다 여기시고 저희 집에 와 주신다면 정말 친정 어머니보다 더 어머니처럼 잘 모실게요.[84)]

소위 '웃픈'(웃기면서 슬픈) 이야기이지만 육아가 얼마나 힘든 것인지 단적으로 보여 준다. 극 중의 조은정이 목메달인 것처럼 우리 부부도 '아들 셋 목메달'이다. 다른 집 아이들에 비해 점잖다는 말을 듣지만, 막상 키우는 부모(특히 엄마) 입장에서는 그야말로 정신이 하나도 없다. 한때 아들 셋이 태권도에 심취해 있었을 때는 집에서 냉장고 문을 발로 열고 닫는 기이한 '마술'을 보여 주기도 했다. 그나마 요즘에는 아이들이 좀 커서 이전보다는 많이 잠잠해진 상태이다.

부부가 서로 사랑하는 모습을 통해 그리스도와 교회의 모습이 드러나야 하는데 자녀 양육이 시작되는 현실에서는 그것이 여간 어려운 일이 아니다. 결혼하고 시간이 좀 지나면 사랑 호르몬이 고갈되어 부부가 서로 사랑하는 것도 쉽지 않은데, 이런 상황에서 아이까지 태어

★

84) tvN 드라마, 「산후조리원」 6화, 2020년 11월 17일, https://youtu.be/3PxbKS6ksQQ?si=TgrKGQxwyKaZ7Ulc.

나면 부부의 사랑은 온데간데없고 육아 문제로 한바탕 전쟁을 치르게 된다. 그리스도를 경외함으로 서로 복종하기는커녕 남편은 남편대로, 아내는 아내대로 힘들어하면서 어떻게 하면 육아와 자녀 양육의 '고뇌'를 잘 비틸 수 있을지 고민한다.

나도 마찬가지였다. 이 책의 첫 글에서도 밝혔지만 우리 부부도 육아 문제로 심각한 갈등을 겪었다. 아내가 '독박 육아'를 하며 힘들어했고 나는 나대로 왜곡된 사명감에 사로잡혀 사역에 몰입하느라 힘들어했다. 부부가 함께 참여해야 할 육아와 자녀 양육에 남편의 부재로 부부 갈등이 한동안 계속되었다. 이런 상황에서 그리스도를 경외함으로 서로 복종하며 아내가 남편에게 순종하고 남편이 아내를 사랑하는 아름다운 모습을 기대하는 건 거의 희망 사항에 가깝다.

그럼에도 우리는 기억해야 한다. 부부가 서로 사랑하며 행복해하는 모습을 통해 그리스도와 교회의 모습이 증거되기를 원하시는 그분의 말씀을! 이 지점이 육아와 자녀 양육의 출발점이다. 부부의 그런 모습을 가장 먼저 목격하는 대상이 그 둘 사이에 태어난 아이들이다. 하나님의 사랑을 부부 둘만이 누리고 행복해하는 건 어찌 보면 쉬울 수 있으나, 그 사랑과 행복이 더 큰 의미를 갖기 위해서는 부부에게 맡겨진 자녀들이 함께 그 사랑과 행복을 누려야 한다.

이것은 마치 하나님의 자녀들이 삼위일체 하나님의 넘치는 사랑을 함께 누리고 행복해하는 원리와 비슷하다. 예수님은 하나님께서 당신을 사랑하신 그 사랑을 우리도 누리기를 바라신다(요 15:9; 17:26). 성령님도 당신에게 있는 기쁨이 환난 중에 있는 우리에게 적용되기를 바라신다(살전 1:6). 따라서 삼위일체 하나님의 형상을 담아내는 부부가 자녀를 기른다는 말은 부부가 누리는 하나님의 사랑과 기쁨을 자녀에게 삶으로 보여 주는 것이다.

자녀를 키우는 현실이 얼마나 힘든데 어떻게 그런 생각을 할 수 있느냐고 반문할지도 모르겠다. 그런 이유 때문에 부부는 하나님의 사랑으로 더욱 충만해져야 한다. 부부가 자녀 양육으로 힘들어하는 건 자녀 양육 때문이라기보다, 자녀 양육을 두고 남편과 아내가 서로를 대하는 태도 때문인 경우가 많다. 아이가 어릴수록 양육에 있어 엄마가 큰 비중을 차지하는데 그럴 때 남편이 아내에게 어떤 태도를 가지고 어떻게 말을 하느냐가 부부 사이에 큰 영향을 미친다. 하나님의 사랑으로 충만해야지 육아 일로 지쳐 예민해진 아내를 제대로 사랑하며 육아에 함께 동참할 수 있다. 이 말은 사실 자기반성적인 고백이다. 예전에 아내가 육아로 고생할 때 나는 하나님의 사랑으로 충만하기는커녕 사역에 과몰입한 나머지 아내보다 더 지친 상태로 더욱 예민하게 굴었다. 비록 육아와 양육이 고된 노동이긴 하지만 부부가 잘 소통하며 하나님의 사랑으로 충만하다면 '힘겹지만 뿌듯한' 자녀 양육이 될 수 있다.

아무튼 자녀 교육(육아, 양육)의 출발점이 부부가 서로 사랑하는 모습을 통해 그리스도와 교회의 모습이 드러나는 데 있다는 것이다. 남편이 아내를 진심으로 사랑하는 모습을 아이들이 지켜보면서 예수님이 교회를 어떻게 사랑하시는지 실제적으로 배우게 된다. 또한 아내가 그리스도를 경외함으로 남편에게 복종하는 모습을 자녀들이 지켜보면서, 교회인 우리가 하나님께 어떻게 순종해야 하는지를 배운다. 아이들은 부모가 어떻게 서로를 대하는지 얼마나 하나님을 사랑하며 성경 말씀을 가까이하는지도 다 보고 있다.

그 점에서 나도 예외가 될 수 없다. 하나님을 사랑하며 말씀을 사랑하는 모습을 아이들에게 자주 보여 주려고 한다. 성경을 읽고 암송하는 일이 정말로 행복하다고 아이들에게 자주 말해 준다. 그리고 이전과는 달리 내가 아내를 얼마나 사랑하는지 아이들 보는 앞에서 자주 애정 표현을 한다. 주님을 위해 아빠가 감당하는 사역이 얼마나 보람 있고 행복한 일인지 세 아들에게 알려 주려고 노력한다. 예전과는 다른 아빠의 모습 때문인지 큰아들(중3)이 수련회를 다녀와서 진지하게 꿈을 이야기했다.

아빠, 나 목사님 될까?

그 순간 나는 아내와 함께 정말 기뻐하며 큰아들의 결심을 축복해 주었다. 그 후로 아직까지 그 생각이 변하지 않는 걸 보니까 주님이 큰아들을 사역자로 부르셨다고 믿고 싶다. 아들의 눈에는 아빠가 하나님을 사랑하며 엄마와 함께 선교지원 사역을 감당하는 모습이 행복해 보였나 보다. 앞으로 하나님이 첫째를 어떻게 인도해 가실지 기도하며 지켜봐야겠다. 여하튼 아빠와 엄마가 서로 사랑하며 행복하게 사는 모습을 지켜보며 우리 삼 형제가 예수님이 어떤 분이신지, 또 예수님께 사랑받는 교회가 어떠한 곳인지를 더욱 깨닫게 되기를 소망한다.

나눔과 적용을 위한 질문

1. 부부 성생활이 결혼 언약을 갱신한다는 말이 무슨 뜻인지 설명해 보라.

2. 침실에서 자기 욕구부터 채워지기를 원하는가? 아니면 배우자의 만족을 위해 먼저 노력하는가? 남편과 아내가 각각 무엇을 원하고 무슨 대답을 듣기 원하는지 진솔하게 나누어 보라.

3. 부부가 하나님의 형상을 잘 담아내기 위해서 어떤 노력을 해야 하는가? (이 장의 내용을 기초로 해서 대답해도 된다.)

4. 자녀가 당신의 결혼생활을 통해 예수님이 어떤 분이신지, 또 그분께 사랑받는 교회가 어떤 모습인지 깨달을 수 있다고 생각하는가? 자녀에게 그 모습을 보여 주기 위해 어떤 노력을 하고 싶은지 말해 보라.

티격태격 실제 상황들

신앙이 뜨거운데 자주 싸우는 부부

신앙이 뜨거워도 실패할 수 있다

정말 지혜로운 남편

남자들의 '동굴 타임'

갱년기를 지혜롭게 극복하는 부부

남자들의 언어 vs. 여자들의 언어

인정 욕구와 공감 능력

지혜롭게 싸우고 화해하는 능력

얼굴을 바라보며 흘리는 눈물

남편에게 소망을 두지 않는 아내

하나님만으로는 채워지지 않는다

신앙이 뜨거운데 자주 싸우는 부부

신앙이 뜨거운 40대 부부가 있다. 특히 아내는 기도를 정말 열정적으로 하고 무슨 일이든지 성령의 인도하심을 구하는 기질이다. 남편도 그에 못지않은 열정을 가지고 신앙생활을 열심히 한다. 그런데 이 부부가 자주 싸운다. 남편이 아내의 신앙을 평가하며 말을 함부로 한다. 예를 들어, 당신이 그렇게 열심히 기도하는 건 좋은데, 기도 내용을 삶으로 증명해 보라는 식으로 '독설'을 날린다. 이에 질세라 아내도 당신 신앙이 아직 어려서 그런 식으로 반응하고 있다고 맞대응을 한다. 아이들이 아빠와 엄마가 자꾸 싸우니까 이런 말을 종종 한다고 한다.

엄마랑 아빠는 왜 자꾸 예수님 믿는 것 때문에 싸워?

신앙이 뜨거워도 부부 싸움을 많이 하는 특이한(?) 경우이다. 하지만 신앙이 뜨거운 게 문제가 아니라 서로를 대하는 태도가 더 큰 문제이다. 아내는 남편의 독설에 초연해지려고 더욱 열심히 기도하며 은혜를 구했다. 그랬더니 어느 날부터 긍휼의 마음을 품고 남편의 태도에 반응하지 않게 되었다고 한다. 하지만 바로 그 지점이 염려가 되었다. 남편이 자신의 태도와 말투를 교정하고 아내처럼 변화되면 좋은데, 상담 중에 느껴지는 분위기는 남편의 태도에 큰 변화가 없다는 것이다. 더구나 아내의 태도는 남편을 무시하는 듯했다. 내 눈에는 하나님께 더 큰 은혜를 받은 자의 여유(?)라고 읽혔다. 이런 상태가 지속되면 이 부부는 더욱 대화가 단절된 채 지내게 될 것이다. 아내는 은혜를 받았다고 생각해서 남편의 독설에 초연해져 있지만, 이 초연해짐 때문에 남편의 독설이 더욱 강화될지도 모른다.

참으로 아이러니하지 않은가? 아내는 기도하며 은혜를 받아 그렇게 반응한다고 확신하는데, 오히려 남편은 자신의 말에 귀를 안 기울이는 아내의 태도에 더 예민하게 반응하고 있는 것이다. 신앙이 좋다고 자부하는 사람은, 특히 부부 사이에서는 그런 부분을 늘 염두에 두어야 한다. 부당하게 힘들게 하는 경우에는 거리두기를 하고 지낼 수 있겠지만, 남편과 아내는 어느 한쪽만 회복된다고 부부 사이가 회복되는 게 아니다. 부부가 서로 대화하며 이런 저런 교감을 통해 함께 회복해 가야 한다.

그렇지 않으면 배우자와의 대화를 단절한 채 자기 혼자서 기도 행위에 더욱 집착할지도 모른다. 하나님께 자기 마음을 토로하는 건 좋지만 배우자로부터 도피하는 방식으로 기도나 예배에 열을 올리게 되면 자칫 '종교 중독'으로 치달을 수도 있다. 겉보기에는 기도 행위이고 예배 행위인데, 배우자와 관계가 회복되지 않은 상태로 드리는 기도와 예배는 하나님이 기뻐하지 않으신다. 12년 전의 내 모습이 그러했다. 남편과 아내가 서로 사랑하는 모습을 통해 그리스도와 교회의 모습이 증거되기를 원하는 그분의 마음을 진지하게 묵상해 보라.

신앙이 뜨거워도 실패할 수 있다

신앙이 뜨거워도 결혼생활이 위기 상태에 있는 경우가 있다. 40대 중반의 희정 씨를 상담한 적이 있다. 한때 알고 지냈던 지인이었는데 신앙이 뜨거운 여성이었다. 목회자 자녀로 살아와서 그런지 매사에 기도하면서 하나님의 인도를 진지하게 구했다. 배우자를 두고 기도할 때도 하나님의 '응답'을 받고 연애를 시작했고, 어느덧 진지한 관계로 발전해서 마침내 하나님의 '사인'을 받고 결혼했다고 한다.

그런데 결혼생활 중에 문제가 나타나기 시작했다. 남편이 월급을 받으면 아내랑 한마디 상의도 없이 자기 부모에게 다 보낸다는 것이다. 처음에는 시부모에게 말 못할 사정이 있어 그러는가 보다 했는데, 오히려 시부모 역시 아들의 그런 효도(?)를 당연한 것으로 여기고 며느리를 함부로 대하기도 했다. 남편의 그러한 행태가 계속되니까 이건 아니다 싶어 희정 씨가 상담을 요청했다.

> 목사님, 제가 남자 보는 눈이 없었던 것 같아요. 기도 응답을 받고 연애를 시작했고 하나님의 사인을 받고 결혼했는데, 남편이 이런 사람인 줄 몰랐어요. 친정 엄마가 믿음으로 참고 살다 보면 남편이 변할 거라고 하는데 언제까지 참아야 하는 거죠? 벌써 7년째네요.

예전에 내가 알던 희정 씨는 세련되고 도도한 이미지였는데 그동안 결혼생활 스트레스 때문인지 완전히 다른 사람이 되어 있었다. 지난 7년 동안 자신이 기도를 열심히 하지 않아서, 또 믿음이 부족해서 이런 일이 생겼을 거라고 자책하기도 했다. 성경 말씀대로 남편에게 복종해야 하는데 온전히 복종하지 않는 자신의 모습 때문에 크게 절망하고 있었다. 양가 부모님이 모두 목회자 부부라서 더더욱 자신의 그런 모습을 두고 괴로워하고 있었다.

희정 씨의 결혼생활 스토리를 들으면서 정말 마음이 힘들었다. 그동안 남편에게 생활비도 제대로 못 받고 가정 살림을 어떻게 꾸려 왔을까 하는 생각이 대화하는 내내 머릿속을 맴돌았다. 무엇보다 신앙이 뜨거운 것과 행복한 결혼생활이 반드시 비례하지 않는다는 걸 확인할 수 있었다. 신앙이 뜨거워도 남자 보는 눈이 없을 수 있고 결혼생활에 실패할 수 있다는 사실을 확인했다. 생각보다 주변에 희정 씨 같은 경우가 많다. 그런 사람들에게 필요한 것이 무엇이겠는가?

첫째, 불타는 신앙으로 하나님을 뜨겁게 사랑할지라도 이성에 대해 배우고 사랑하는 방법을 따로 훈련해야 한다. 복음을 깨닫고 하나님을 열정적으로 사랑하면 이성을 잘 알고 제대로 사랑할 수 있을 것 같지만 그렇지 않은 경우가 많다. 자신이 하나님을 사랑하는 것과 같은 수준으로 그이도 하나님을 똑같이 사랑하고 있다고 착각한다. 더구나 남자는 연애 중에는 자신의 본래 모습을 감추고 여자에게 최대한 맞추려고 하기 때문에 결혼 전까지 파악하기가 힘들다.

그래서 희정 씨 같은 경우, 남자가 어떤 존재인지 여러 사람과 상황을 통해 귀담아듣고 잘 배워야 한다. 신앙이 뜨겁다고 자부하는 자신의 영적 감각에 지나치게 의존하지 말아야 한다. 기도를 많이 하고 신앙이 뜨겁다고 자부하는 사람일수록 지인들의 조언에 귀를 기울이지 않는다. 기도하면 하나님이 상황을 인도하시고 '사인'을 보여 주신다는 것이다. 그게 맞아 떨어지는 경우도 있지만 그렇지 않은 경우도 얼마든지 있다. 특히 결혼 문제에 있어서는 신중해야 한다.

둘째, 남편에게 복종하라는 말씀(엡 5:22)을 실천할 때 균형을 잘 잡아야 한다. 결혼생활 중에 이 말씀을 적용할 때 대원칙은 '부부가 함께 그리스도를 경외함으로 서로 복종하고 있는가?'이다. 가장 먼저 남편이든 아내이든 각자 그리스도께 온전히 복종하고 있는지를 살피는 것이다. 그리스도를 경외한다는 말은 그분의 말씀에 철저히 순종한다는 뜻이다. 바로 이런 상태에서 부부가 서로 복종하는 가운데, 특히 아내들이 남편에게 복종하기를 주께 하듯 해야 한다.

희정 씨의 경우에는 그 남편이 그렇지 않은 상태에 있었다. 그리스도를 경외하는 남편이라면 아내를 자기 몸처럼 사랑해야 하는데, 아내의 상황과 감정 상태는 고려하지 않고 자기 부모에게만 효도(?)를 하고 있었다. 이것은 남자가 자기 부모를 떠나지 않은 상태라고 볼 수 있다. 창세기 2장 24절 말씀대로 남자는 결혼할 때 부모를 떠나 정서적으로, 관계적으로 독립을 해서 아내와 온전히 연합해야 하는데, 희정 씨 남편은 그런 점에서 철저하게 실패하고 말았다.

여하튼 나는 희정 씨에게 지금까지 말한 내용을 가지고 적절하게 조언하며 기도로 함께해 주었다. 당시에 이혼할 생각까지 하고 있었지만 몇 년이 지난 지금은 남편과의 관계도 회복하고 시부모도 더 이상 며느리를 함부로 대하지 않는다. 주께서 희정 씨를 사랑하시고 은혜를 주신 덕분이다.

정말 지혜로운 남편

60대 부부와 결혼생활에 대해 대화를 나눈 적이 있다. 두 분은 또래 부부에 비해 행복해 보일 정도로 결혼생활을 잘하고 있었다. 신앙을 가져서 그렇다기보다 일반적으로 봐도 결혼생활이 행복해 보였다. 특히 남편은 60대에서 찾아보기 힘든 모범적인 남편이었다. 나는 그 분이 부모님과 어떻게 관계를 맺고 성장했는지 궁금해지기 시작했다. 당연히 원가정이 순기능적인 분위기라고 생각했으나 예상과는 달랐다. 엄격한 부모님 밑에서 자랐고 특히 어머니의 간섭이 심했다. 한국의 연세 많은 어머니들이 일반적으로 아들에 대한 애착이 심한데 그런 경우에 속했다. 심지어 결혼해서도 매주 어머니를 찾아뵙고 하룻밤을 자고 왔다는데, 아내는 다른 방에 재우고 어머니와 같이 잠을 자야 했다고 한다. 부친이 소천하신 상태라서 어머니의 "심리적 배우자"[85] 였

★

85) 황지영, 『사이좋은 부모생활』 (서울: 아르카, 2022), 109.

던 셈이다.

그 순간 나는 살짝 소름이 돋았다. 좀처럼 찾아보기 힘든 상황이기 때문이다. 그런 어머니를 둔 아들도 그렇지만 그런 아들과 같이 살아야 하는 며느리의 입장이 정말 난처했을 것 같다. 심지어 그분 어머니는 며느리를 못마땅하게 여기셨다고 한다. 아들 살이 빠지면 며느리가 밥을 굶겨서 그렇다는 둥, 아들이 아프면 며느리가 고생을 시켜서 그렇다는 둥 시시콜콜 잔소리를 하셨다. 그러다가 어느 날 아들이 용기를 내어 며느리가 보는 데서 정중한 말투로 한마디 했다.

어머니, 이제 당신 며느리가 얼마나 좋은 사람인지 알게 될 겁니다.

대답이 지혜롭게 들렸다. 그 순간 나는 돌아가신 아버지가 생각났다. 예전에 우리 아버지도 동일한 상황이었는데, 아버지는 분노 조절이 잘 안 되는 분이어서 언성을 높이며 할머니와 자주 싸우셨다. 신앙이 없어서 그러셨을지도 모르겠다. 아버지에 대한 할머니의 과도한 애착 때문에 결국 어머니가 가출하는 '사태'가 발생했다. 지금은 모두 고인(故人)이 되셨지만 아무튼 그분들 덕분에 역기능 가정을 제대로 경험할 수 있었다.

앞서 60대 남편의 대답이 지혜로운 이유가 무엇이겠는가? 그런 상황이라면 상담가들이 "내 여자를 함부로 대하지 마세요!"라고 단호하게 말하라고 내담자에게 조언한다. 물론 가장 효과적인 방법일지도 모르는데, 그렇게 되면 어머니에게 가해지는 상처가 불가피하게 된다. 아들을 향한 왜곡된 사랑을 바로잡으려면 그런 충격 요법이 때로는 필요하다. 그런데 이분의 대답은 어머니와 아내 모두에게 상처를 주지 않으면서 숙제를 동시에 안겨 준다. 일단 어머니 앞에서 아내 편을 들지 않았고, 또한 아내가 보는 데서 어머니를 두둔하지도 않았다. 자기 어머니가 며느리를 자꾸 나쁜 사람으로 생각하니까 그게 아니라는 사실을, 며느리의 처신을 보고 어머니가 깨닫게 될 거라고 말한 것이다.

실제로 놀라운 변화가 일어났다고 한다. 며느리는 이전보다 시어머니에게 잘하게 되었고 당신 아들을 얼마나 잘 섬기고 위하는지 혼신의 힘을 다해 보여 드렸다. 그러자 시어머니도 마음이 열려 며느리를 다르게 보게 되었고, 20년이 지난 지금은 복음 안에서 관계가 잘 회복된 상태이다. 역기능 가정에서 성장한 60대 남성 치고는 정말 지혜롭게 대처하며 결혼생활을 성공적으로 잘하신다. 당신이 고백한 대로, 성령을 통해 하나님의 사랑을 제대로 경험했기에 그런 회복이 가능했을 것이다.

남자들의 '동굴 타임'

주례를 서 준 신혼부부가 결혼하고 얼마 지나지 않아 찾아온 적이 있다. 그런데 결혼하기 전과는 다른 분위기가 감지되었다. 식사를 하다 말고 신부가 격앙된 목소리로 말했다.

> 목사님, 오빠가 결혼하더니 변한 것 같아요. 일 마치고 집에 오면 대화할 생각은 안 하고 휴대폰만 쳐다보고 멍 때리고 있어요.

그 순간 예전의 내 모습이 떠올랐다. 밖에서 사역을 마치고 집에 오면 긴장이 풀려 멍한 채 아무것도 못하고 혼자 있으려고 했다. 그때마다 아내에게 잔소리도 듣고 자주 오해를 받기도 했다. 우리 부부도 이 부분을 서로 이해하는 데 꽤 오랜 시간이 걸렸다.

남자와 여자의 기질 차이를 알아야 한다. 일반적으로 남자들은 일을 마치고 집에 들어오면 소위 '동굴 타임'을 가지고 싶어 한다. 무슨 말인가 하면, 직장에서 직무를 감당하며 몸과 마음이 경직된 상태로 있다가 집으로 오게 되면 가장 편안한 상태로 바뀌는데, 이때부터 온몸의 긴장이 풀려 한동안 가만히 있고 싶어 한다. 그런데 여자들은 밖에 있다가 집에 들어와도 가족과 대화하면서 그날 스트레스와 긴장을 풀려고 한다. (기질이 반대인 남성과 여성도 있다.) 바로 이러한 남녀의 기질 차이 때문에 결혼 초기에 자주 오해한다.

아내는 남편이 집에 들어오면 반갑기도 하고 하루 동안 있었던 일을 나누면서 시간을 보내고 싶어 한다. 그러나 남편은 집에 오면 일단 모든 걸 중단하고 늘어진 채 한동안 멍하게 있으려고 한다. 요즘은 주로 휴대폰을 보는 경우가 많다. 이 지점에서 부부가 서로 오해하기 시작한다. 아내는 남편이 반가워서 대화를 나누고 싶어 하는데 남편이 자꾸 혼자 있으려고 하니까 아내 입장에서는 거부당한다고 느낀다. 그래서 결혼하고 나서 남편이 변했다고 오해해 버린다.

남편은 아내가 싫어서 혼자 있으려는 게 아니어서 남편 입장에서는 나름대로 억울하다. 집에 왔을 때 그냥 내버려두면 좀 이따가 정신을 차리고 다가갈 텐데, 아내는 그 시간을 기다리지 못하고 왜 혼자 있으려고 하냐며 '추궁'하기 시작한다. 이에 남편은 마음이 상해 그냥 좀 혼자 있게 내버려두면 안 되냐고 언성을 높이기 시작한다. 그러면 아내가 또다시 정말 이해할 수 없다며 화를 내고는 방문을 닫고 들어가 버린다. 그 순간 남편은 아내의 행동을 이해하기 힘들어하면서도 혼자 있고 싶어 하는 자기 모습을 두고 동시에 자책한다.

우리 부부도 그랬지만 많은 부부들이 결혼 초기에 이런 갈등의 악순환을 경험한다. 아내는 남편의 '동굴 타임'(30~60분)을 좀 허용해 줄 필요가 있다. 남편이 집에 들어오면 동굴로 들어가 한동안 그 안에 있도록 내버려두는 게 오히려 지혜롭다. 그러면 언제 그랬냐는 듯이 기분이 풀려 있다. 만약 남편이 동굴로 들어가려고 하는 걸 원천 봉쇄하려고 잔소리를 하면, 아내의 잔소리 스트레스까지 더해져 동굴 타임이 더 길어질 것이다. 왜 그렇게 이기적이냐고 잔소리하고 싶어도 꾹 참고, 그냥 남자들이 원래 그렇다고 너그럽게 이해해 주시기를 바란다.

자녀를 키울 때도 마찬가지이다. 남자 아이들이 보통 학교 갔다가 오면 널브러져 있으려고 하는데 잠시 내버려두는 게 좋다. 빨리 안 씻냐고 잔소리하기 시작하면 아들이 엄마한테 짜증부터 낸다. 물론 휴대폰이나 스마트 기기에 너무 몰입해서 아무것도 안 하려고 하면, 이미 동굴 타임을 지나 계속 탐닉하려고 하는 것이니까 단호하게 끊어줘야 한다. 아빠는 남자로서 아들이 왜 그런지 알기 때문에 그냥 지켜보고 있다. 아무튼 남자는 단순하다. 심리학 분야도 여성 심리학과 아동 심리학은 있지만 '남성 심리학'은 없다. 아동 심리학이랑 똑같기 때문이다.

갱년기를 지혜롭게 극복하는 부부

지인인 60대 부부가 있다. 인생 선배로서 가끔 조언을 구하는 분들이다. 남편은 아주 활발하고 사교성이 강하다. 처음 보는 사람들과 쉽게 대화하며 시간이 좀 지나면 사람들을 친구로 만드는 은사가 있다. 아내는 비교적 차분한 성격이고 남편에게 순종적이며 감정 변화가 크게 없다. 남편의 돌발적인 행동과 말투가 종종 부담스럽지만 참고 살아왔다. 특히 남편의 사회적 입지를 고려해서 남편의 생각과 입장에 맞추며 생각하고 행동한다. 그러다 보니 자기감정을 누르는 것이 습관이 되어 버렸고, 어느덧 그런 상태를 자신의 진짜 상태로 인식하고 있었다.

나이가 들어 문제가 나타나기 시작했다. 갱년기 증상이 심하게 찾아온 것이다. 그동안 무작정 참고 살았던 마음이 한꺼번에 폭발했다. 어느 날부터 인생의 목표를 남편을 괴롭히는 것으로 설정했다. (신앙이 있어도 이렇다는 사실에 경각심을 가져야 한다!) 정말이지 남편이 조금만 기분 나쁘게 하면 사정없이 독설을 날렸고, 당황한 남편은 완전 달라진 아내의 모습을 낯설게 느끼게 되었다. 부부가 다 그렇듯이 젊을 때는 남편의 힘이 강하지만, 나이가 들수록 호르몬 역전이 일어나서 남자는 여성화되고 여자는 남성화된다. 아무튼 남편은 계속되는 아내의 갱년기 증상 때문에 힘들었지만 특유한 재치로 극복해 가기 시작했다. 어느 날 아내가 또다시 폭발하며 공격하기 시작하자 이렇게 말했다.

여보, 너무 짜릿해! 한 번 더 해 줘!

그 순간 아내는 황당해서 말문이 막혔다. 폭발해서 공격하면 남편이 힘들어해야 원하는 반응인데, 갑자기 짜릿해서 좋다고 하니까 더 이상 그러고 싶지 않은 것이다. 남편 말대로 한 번 더 퍼부었다가 오히려 남편이 짜릿하다고 좋아하면 남편을 힘들게 괴롭히는 인생 목표가 사라지기 때문이다. 그렇게 되면 더 기분 나쁠 것 같았다고 한다.

나는 두 분의 갱년기 극복 스토리를 들으며 엄청 웃었지만 정말 지혜로운 방법이라고 생각했다. 조만간 나도 그런 상황에 처하면 아내에게 한번 적용해 볼까 한다. 물론 아내가 똑같이 반응한다는 보장은 없지만, 시도라도 해 봐야겠다. 그러다가 '역풍'이 불면 어쩌지?

남자들의 언어 vs. 여자들의 언어

남자들과 여자들은 서로 다른 '언어'를 사용한다. 남자들은 주로 정보 전달에 초점을 맞추는데, 여자들은 그것과 함께 심층적인 의미와 의도까지 자신의 말 속에 담는다. 남자들은 사실 위주로 소통하려고 하는데 여자들은 감정 위주로 소통하려고 한다. 또한 각자 언어를 통해 기억하는 방식도 서로 다르다. 소통과 기억은 절대 분리될 수 없기 때문이다. 남자들은 소통하는 내용을 주로 정보의 형태로 기억하려고 하고 여자들은 주로 감정의 형태로 기억하려고 한다.

이런 차이점이 부부 사이에서 크고 작은 문제를 일으킨다. 부부간에 갈등이 있을 때 남편은 그 상황에 대한 사실 관계를 해명하면 그걸로 다 됐다고 생각하고는 감정 문제에 대해 크게 개의치 않으려고 한다. 아내는 사실 관계 해명은 기본이고 여전히 남아 있는 감정의 문제가 말끔히 해소되기를 희망한다. 그렇지 않으면 부부 싸움을 할 때마다 오래전에 있었던 일을 언급하며 남편에게 계속 추궁하고 싶어 한다. 남편은 그때의 감정 상태가 소멸된 지 오래이고 심지어 그때 있었던 일조차 기억나지 않는데, 아내 입장에서는 그때의 일이 마음에 각인되어 다친 감정이 여전히 남아 있다.

이런 상태가 더 심각해지고 계속되는 경우에는 급기야 이혼 위기에 처하기도 한다. 어떤 부부의 실제 에피소드인데, 자녀들이 다 결혼해서 독립을 하니까 어느 날 아내가 남편에게 이혼을 요구했다. 남편은 아내의 이혼 요구를 도무지 이해할 수 없었다. 부부 갈등이 가끔 있었지만 오래 지속되지 않았고 남편이 보기에 그다지 심각한 상황이 아니었다. 하지만 아내가 그럴 때마다 꾹 참고 버텨 온 것이다. 남편과 대화해 봤자 어차피 자기 말만 하고 들어 주지 않으니까, 오로지 자녀를 생각해서 감정을 누르고 이혼할 기회를 엿보고 있었다. 아내의 마음을 잘 헤아리지 못하는 남편들은 이런 부분에서 경각심을 가져야 한다.

사실 나도 여자의 언어를 잘 이해하지 못해 한동안 힘들어했다. 요즘에는 거의 '새 사람'으로 거듭난 수준이지만, 이전에 아내의 말을 제대로 이해하지 못해 자주 갈등 상황을 연출했다. 대화 내용이 이런 식이었다.

"당신 참 이기적이야!"

"뭐라고? 내가 왜 이기적인데?"

"그걸 몰라서 물어?"

"당연히 모르지. 말을 해야 알지."

한동안 나는 아내가 '이기적'이라고 할 때마다 정말 화가 났다. 내가 만나는 사람들은 모두 나보고 '이타적'이고 자기를 별로 돌보지 않는 것 같다고 말하기 때문이다. 아직도 지금 뭐가 잘못된 건지 이해하지 못하는 남편은 이전의 나처럼 여자의 언어를 이해하지 못하는 사람이다. 나는 아내가 내뱉는 '이기적'이라는 말에 꽂혀 절대 그런 부류의 사람이 아니라고 변호하는 일에 열을 올렸다. 그런데 아내가 그런 말을 하는 것은 혼자 시간을 보내지 말고 자기랑 함께하자는 요청이었다. 그러니까 자기의 의도와 숨겨진 의미를 '이기적'이라는 말에 빗대어 표현하는 것이다.

나는 왜 그렇게 표현하는지 이해할 수 없었다. 진짜 원하는 것을 말하면 더 명확한 의사소통이 이루어질 건데 왜 그렇게 완곡어법을 사용하는지 신기할 정도였다. 그런데 알고 보니 남자의 언어와 여자의 언어가 달라서 그랬던 것이다. 여자들도 남자의 언어를 이해할 필요가 있다. 남자들이 답답하다고 여자들이 하소연하는데 이 역시 그런 차이이다. 그래서 남편과 아들을 움직이게 하려면 시선을 마주친 상태에서 명확하게 알려 줘야 한다. 안 그러면 무슨 말인지 이해하기 힘들어한다. 물론 여자의 언어를 잘 이해하는 남편들은 알아서 잘 움직인다.

남자와 여자의 언어가 다르다는 건 일을 할 때도 확연히 드러난다. 남자들은 기분 나쁘게 하는 사람이 있어도 일을 할 때는 그냥 일과 관계된 부분만 생각하며 참고 일을 해 나갈 수 있다. 감정보다는 사실 위주로 소통하려는 남자의 특성 때문이다. 물론 일을 마치면 안 보이는 데서 그 인간을 사정없이 욕하며 감정을 풀기도 한다. 여자들은 기분 나쁘게 하는 사람이 있으면 그 분위기 속에서 일을 같이 하는 걸 힘들어한다. 일단 자기 마음이 다쳐 있는 상태이고 그런 감정을 가진 채로는 일뿐만 아니라 그와 소통하기를 괴로워한다. 감정 위주로 소통하려는 여자의 특성이다.

여하튼 크리스천 부부라고 할지라도 남자와 여자의 언어 차이를 잘 알아야 결혼생활이 원만해진다. 부부가 아무리 하나님 나라를 함께 꿈꾸고 거룩한 사명을 좇아 살아가려고 해도 일상에서 갈등이 생기면 힘들어진다. 사실 나의 실패담이다. 하나님은 우리가 거대 담론을 생각하며 큰일을 행하기 전에 일상생활부터 서로 이해하고 배려하며 행복해하기를 바라신다. 과연 남편은 아내의 언어를 얼마나 잘 이해하고 있는가? 또한 아내는 남편이 알아듣는 방식으로 얼마나 표현하고 있는가?

인정 욕구와 공감 능력

소통 강사로 유명한 김창옥 교수는 남편이 원하는 건 사랑이 아니라 인정과 칭찬이라고 했다.[86] 아내가 남편에게 "여보, 사랑해!"라고 말해 보면 알 수 있다고 했다. 사랑한다는 말을 들은 남편은 그때부터 불안해지고 뭔가 잘못한 게 있는지를 생각한다는 것이다. 사람마다 다르겠지만 상당히 일리가 있는 분석이다. 물론 이런 분석은 주로 결혼생활을 오래 한 부부에게 적용될 것이다. 아직 사랑 호르몬으로 충만한 신혼부부는 "사랑해!"라는 밀어(蜜語)를 서로 연발한다.

일반적으로 남자는 인정 욕구가 강하고 여자는 공감 능력이 강하

★

86) 새롭게하소서CBS, "소통이 안 되면? 고통이 온다! 소통 전문가 김창옥 강사", 2021년 9월 8일, https://youtu.be/xGO2EdmVPic?si=L5M22pF3CkL78k5o.

다. 부부일수록 더욱 그러하다. 남편은 다른 사람에게는 인정을 못 받아도 아내에게만큼은 인정받고 싶어 한다. 나의 경우만 봐도 그렇다. 나는 비교적 자존감이 높은 편인데, 다른 사람들이 나에게 하는 말에 별로 신경 쓰지 않는다. 나를 진심으로 생각해서 해 주는 조언이 아니라면 그냥 한쪽 귀로 듣고 한쪽 귀로 흘려버린다. 그런데 희한하게도 아내가 하는 말에는 나도 모르게 민감하게 반응한다. 다른 사람이 내 강의나 설교를 평가하는 건 별로 신경이 안 쓰이는데, 아내가 해 주는 평가는 한마디 한마디가 나의 자존감과 생생하게 연결된다. 다른 사람의 인정과 칭찬이 나에게 10으로 작용한다면, 아내의 인정과 칭찬은 100 이상으로 작용한다.

남자는 왜 인정 욕구가 강한 것일까? 여러 가지 분석이 있겠지만 하나님이 남자에게 그런 성향을 부여하신 것으로 이해하는 게 무난하다. 특히 남성성과 여성성이 여과 없이 나타나는 침실에서 남자의 인정 욕구를 확인할 수 있다. 부부 관계를 마치고 나면 남편은 아내에게 "오늘 어땠어?"라고 묻는데, 자신의 성적 매력과 능력을 인정받고 싶어 그러는 것이다. 아내가 별로라고 대답하면 남자의 자존감이 그야말로 바닥을 친다. 아내는 지혜롭게 대답할 필요가 있다.

또한 하나님이 남자에게 가정을 돌보는 책임을 부여하신 것과 남자의 인정 욕구가 연결되어 있다. 책임을 잘 완수하고 나면 뒤따르는 것이 인정과 칭찬이라서 아내는 가족을 위해 수고하는 남편을 인정하고 칭찬해 주어야 한다. 칭찬받을 짓을 해야 칭찬해 줄 수 있다는 마음을 좀 내려놓고, 아내가 보기에 어설프고 부족해도 "우리 남편 최고!" 라는 말을 해 주시기를 바란다. 스스로 무능하다며 자책하고 절망하는 남편에게 최고의 사랑이 바로 아내의 칭찬과 인정이다. 혹시 남편이 교만해질까 봐 칭찬을 아끼고 있다면 절대 그럴 리 없다. 남편은 아내의 칭찬 때문에 교만해질 리 없다. 당신의 남편이 교만한 사람이 아니라면 사정없이 칭찬해 주시기를 바란다.

남편을 움직이게 하는 최고의 방법도 인정과 칭찬이다. 집 안 청소를 잘한다고 칭찬해 주면 아내의 칭찬에 남편은 하루 종일 청소기를 들고 왔다 갔다 할지도 모른다. "칭찬은 고래도 춤추게 한다"는 말이 있던데 그 고래는 수컷이지 싶다. 그만큼 칭찬이 긍정적인 반응과 효과를 불러일으킨다는 의미이다. 무슨 큰아들을 키우는 거냐고 항변할지도 모르겠다. 그런데 실제로 남자는 결혼하면 큰아들처럼 변한다. 여자는 결혼하면 아내인 동시에 엄마로 변하는데, 왠지 모르게 아내들이 손해를 보는 것 같아 미안한 마음이 든다.

여자는 공감 능력이 뛰어난데 결혼해서도 이 능력은 변하지 않는다. 이 역시 하나님이 여자에게 부여하신 성향으로 이해할 수 있다. 하나님이 여자를 지으시고 아담에게 "돕는 배필"이 되게 하셨는데(창 2:18), 남편 아담을 도우려면 아내로서 공감 능력이 필수적이다. 아담의 사명을 지지하고 '공감하는' 파트너가 되게 하신 것이다.

부부 상담을 하다 보면, 주로 남편이 '가해자' 역할을 하고 아내는 '피해자' 역할을 하는데 그럼에도 아내가 남편을 공감하고 이해하려는 경우가 많다. 신혼부부를 상담한 적이 있다. 남편은 역기능 가정에서 자라 정서적 결핍이 심했고 아내는 비교적 건강한 분위기 속에서 성장했다. 결혼하고 시간이 좀 지나면서 남편의 돌발 행동이 나타나기 시작했다. 자신의 기준에 맞추지 않는 아내에게 폭언을 하고 감정 조절이 안 되면 심지어 폭행에 가까운 행동도 서슴지 않았다. 남편의 그런 모습에 너무 놀란 아내는 이혼까지 생각하며 잠시 피신해 친정에 가 있기도 했다. 그럼에도 혼자 있는 남편을 걱정하며 공감하기를 힘썼고 다행히 관계를 잘 회복했다.

여자는 공감 능력이 강하면서도 동시에 공감받기를 갈망한다. 그래서 남편은 아내에게 공감 언어를 자주 사용해야 한다. 예전에 나는 아내에게 공감 언어를 잘 사용하지 못했다. 일반적으로 그렇듯이 공감보다는 문제 해결에 집중했다. 아내가 몸이 아프다고 하면 이런 식으로 대화하는 미숙함을 보였다.

"여보, 나 몸이 안 좋은 것 같아."

"빨리 병원에 가 보자."

"당신은 내가 아프다고 하는데 괜찮냐는 말도 안 해?"

"당연히 그 마음으로 병원에 가자고 한 건데."

이런 나의 미숙함을 극복해 보려고 여러 측면에서 노력했다. 어릴 때 역기능 가정에서 공감을 못 받고 성장해서 그런지 공감 능력과 표현력이 현저하게 결여되어 있었다. 상담가의 조언으로 나는 공감하는 말들을 종이에 써서 아내에게 읽어 주기도 했다. 즉흥적으로 공감하는 말을 못하겠으면 그렇게라도 해 보라는 것이다. 정말 어색했지만 몇 번 시도하다 보니 상황에 따라 적절한 말로 아내의 감정을 공감할 수 있었다.

사실 공감 능력은 남편과 아내에게 모두 필수적이다. 공감해 주는 지점이 조금 다를 뿐이다. 남편은 아내의 '감정'과 '기분'에 공감해야 더욱 사랑을 받는다. 아내는 남편이 하는 '일'에 공감해 주면 되는데 이것이 곧 남편을 향한 인정이고 칭찬이다. 그래서 남편 입장에서는 아내의 공감이 인정의 또 다른 표현이다. 책 중에 『공감적 책읽기』[87]가 있던데, 부부 사이에는 '공감적 사람 읽기'라는 노력이 필요하다.

지혜롭게 싸우고 화해하는 능력

부부 사이가 좋다는 말이 무엇일까? 결혼생활 중에 한 번도 싸우지 않으면 부부 사이가 좋다는 말일까? 그럴 수도 있겠지만 내가 보기에는 부부 싸움의 횟수로 판단하는 건 좋은 방법이 아니다. 한 번도 싸운 적이 없는 부부일수록 실제로 위기 상황에 처해 있을 확률이 높다. 어느 한쪽이 죽을힘을 다해 무작정 참고 있는 경우가 많다. 영국의 극작가 허버트(A. P. Herbert, 1890-1971)의 문장은 우리에게 깊은 통찰을 준다.

★

87) 김기현, 『공감적 책읽기』 (서울: SFC, 2007).

"부부간에 큰 싸움 없이 25년간 함께 살아왔다는 것은 영혼의 교류 없이 허울만 좋은 상태를 의미한다."[88)]

그래서 우리는 부부 사이가 좋다는 말을 '지혜롭게 싸우고 화해하는 능력이 뛰어나다'는 말로 이해해야 한다. 굳이 용어를 쓰자면, 회복탄력성(resilience)이 높아야 부부 사이가 좋다. 국내에서는 2011년 연세대 김주환 교수가 '회복탄력성'이라는 개념을 최초로 제시했는데, "자신에게 닥치는 온갖 역경과 어려움을 오히려 도약의 발판으로 삼는 힘"[89)]이라고 정의한다. 일반 학문에서 다루는 개념이지만 우리도 재해석하여 사용하면 유익할 듯하다. 우리 성도는 기본적으로 '영적 회복탄력성'을 갖고 있다. 우리는 그리스도 안에 있기 때문에 역경 가운데 있는 우리를 일으켜 주시는 성령의 능력이 우리에게 있다. 하지만 이것을 누리는 것은 또 다른 차원에 속한다.

성도들은 부부 싸움을 하더라도 지혜롭게 싸우고 동시에 화해할 수 있어야 한다. 복음을 믿는 사람은 십자가를 통한 화해의 능력이 내재되어 있다. 남편과 아내가 아무리 심하게 싸우더라도 그리스도 안에서 화해하지 못할 일은 없다. 원수까지 사랑하게 하는 능력이 십자가 사랑인데, 하물며 사랑해서 결혼한 배우자는 원수보다 충분히 더

★

88) "The concept of two people living together for 25 years without a serious dispute suggests a lack of spirit only to be admired in sheep." BrainyQuote, "A. P. Herbert Quotes," accessed December 17, 2024, https://www.brainyquote.com/quotes/a_p_herbert_106679.

89) 김주환, 『회복탄력성』 (고양: 위즈덤하우스, 2011), 17.

쉽게 화해할 수 있다. 어느 아내 분은 남편을 얼마나 미워했으면 "일곱 번을 일흔 번까지라도" 용서하라(마 18:22)는 그 수준을 뛰어넘었다고 했다. 예수님은 믿지만 남편을 절대 용서할 수 없다는 것이다. 물론 말할 수 없는 그분의 아픔은 충분히 공감하지만 예수님의 말씀을 그렇게 적용할 수는 없다.

크리스천 부부는 싸우더라도 지켜야 할 도리가 있다. 그 어떠한 경우에도 배우자의 신앙을 악의적으로 공격하거나 신체적·정서적인 폭력을 가해서는 안 된다. 배우자의 신앙을 공격하는 건 결국 자신의 신앙도 그 수준이라는 사실을 반증하는 것이다. 이미 알다시피 부부 사이를 통해 그리스도와 교회의 모습이 입증되는데, 배우자의 신앙을 들먹이는 것은 결국 그 수준으로 자신이 그리스도와 교회의 모습을 입증한다고 자백하는 꼴이다. 그러니까 배우자의 신앙을 비난하게 되면 그(녀)와 한 몸을 이루는 자신의 신앙을 동시에 비난하는 것이고, 결국 이 상태에서 그리스도와 교회의 모습이 드러난다는 말이다. 부부의 신앙은 함께 성장하는 것이지 어느 한쪽만 월등해지는 건 원리적으로 불가능하다. 둘이 아니고 '한 몸'이기 때문이다.

또한 크리스천 부부는 절대로 서로 폭력을 행사해서는 안 된다! 이때 폭력은 신체적인 폭력은 물론 정서적인 폭력(또는 학대)을 포함한다. 크리스천뿐만 아니라 모든 사람에게 적용되는 기본 윤리이다. 신체 폭력을 행사하는 것은 결국 그리스도의 몸을 자기 손으로 파괴하는 파렴치한 짓이다. 신앙이 있어도 폭력을 쓰는 남편이 의외로 많다.

심지어 사역자 부부 중에도 남편 목사가 사역 스트레스 때문인지 집에 들어오면 괜히 아내에게 시비를 걸어 폭력을 행사한다. 이 경우에는 일시적으로 격리 조치를 해야 한다.

비록 신체 폭력이 아니더라도 정서적인 폭력도 절대 있어서는 안 된다. 어느 의미에서는 신체 폭력보다 정서 폭력(또는 학대)이 더 무서울 수도 있다. 주로 남편이 폭언을 하며 공포 분위기를 조성해서 자기 말에 순종하게 만들고, 폭력의 원인을 배우자에게 돌려 그렇게 믿도록 '가스라이팅'을 한다. 이렇게 되면 그 배우자의 인격이 파괴되어 이미 남편에게 지배당하며, 모든 사태의 원인이 자신에게 있다고 생각하기 때문에 남편의 그런 행태가 끊임없이 정당화된다. 이런 상황까지 가면 제3자가 개입해서 조치를 취해야 한다.

부부 싸움의 목적은 갈등을 해소하고 화해하는 것임을 서로가 분명히 인지하고 있어야 한다. 부부가 아닌 다른 사람이라고 하면 극단적인 경우에 다시 안 볼 것처럼 싸울 수도 있지만, 부부 사이라고 한다면 이혼하지 않는 이상 함께 살아야 하기 때문에 계속 갈등 상황에 있을 수 없다. 시간이 걸리더라도 화해해야 한다. 따라서 어차피 화해해야 할 사이라면 빠른 시간 내로 갈등을 해소하고 화해하는 것이 좋다. 이때 크리스천 부부는 화해하게 하시는 성령님을 신뢰해야 한다. 성령 안에서 남편과 아내는 결혼하기 전부터 이미 그리스도의 몸으로 하나가 되어 있었다. 더 나아가 결혼하는 순간부터는 다른 사람과 더욱 구별되는 차원으로 그리스도의 한 몸을 이루고 있다. 남편과 아내의 관계는 그리스도와 교회의 관계로 비유되기까지 한다.

그렇다면 부부가 화해하지 않고 계속 갈등 상황에 있다는 것은 마치 그리스도와 교회가 계속 불화하는 모습으로 비춰진다는 의미이다. 그리스도와 교회는 어떠한 경우에도 불화할 수 없다. 교회가 곧 그리스도의 몸이기 때문이다. 따라서 부부가 서로 자존심이 상하더라도 우리 주님을 생각해서라도 갈등을 풀고 빨리 화해를 해야 한다. 예전에 우리 부부는 싸움을 하고 나서 서로 이렇게 말했다.

그럼에도 불구하고 나는 하나님 때문에 당신을 사랑해.

그러고 나면 신기하게도 훨씬 마음이 누그러지고, 미안한 감정이 솟구치면서, 더 잘해야겠다는 마음이 생긴다.

얼굴을 바라보며 흘리는 눈물

이혼 위기에 있는 50대 부부가 있었다. 남편은 신혼 때와는 달리 술을 좋아하고 성격이 난폭해져 아내에게 손찌검과 폭언을 일삼았다. 아내도 이에 질세라 남편에게 저항하다가 어느 순간부터 그냥 참고 살았다. 어떻게 해서든 자녀가 성인이 될 때까지 이를 악물고 참았다. 어느 날 아내는 남편에게 이혼을 요구했고, 남편도 아내의 계속되는 이혼 요구에 더 이상 견디지 못해 이혼 절차를 진행했다.

변호사 앞에서 마지막으로 서로의 마음을 확인하는 날이었다. 이 부부에게 변호사는 각각 다른 방에서 10분 동안 과거를 떠올려 보라고 했다. 지금까지 같이 살면서 좋은 기억과 나쁜 기억을 최대한 떠올려 보고 나서 다시 오라고 했다. 변호사는 그 부부에게 10분 동안 무슨 생각을 했는지 물었는데, 하나같이 서로에 대한 안 좋은 기억만 떠올렸다. 이번에는 3분 동안 서로 얼굴을 바라보며 눈을 맞춰 보라고 했다. 남편과 아내는 어색했지만 이제 마지막이라 생각하고 서로의 눈을 똑바로 쳐다봤다. 시간이 조금 지나자 갑자기 아내가 눈물을 흘리며 흐느끼기 시작했다. 변호사는 왜 갑자기 울게 되었냐고 물었다.

남편 얼굴을 이렇게 가까이 쳐다본 게 얼마 만인지 모르겠습니다. 남편 얼굴에 없던 주름이 생긴 걸 보니 그동안 남편이 가족을 먹여 살린다고 고생을 참 많이 했다는 생각이 듭니다.

이번에는 남편이 덩달아 울기 시작했다. 변호사는 남편에게 이유를 물었다.

저는 아내가 울길래 따라 울었습니다.

그날 이 부부는 이혼하려던 생각을 접고 다시 관계를 회복하게 되었다. 부부가 서로 얼굴을 바라보며 흘리는 눈물이 회복의 능력을 일으킨 것이다. 이처럼 눈물은 내면의 상처를 어루만지는 힘이 있다. 근본적인 마음의 치유는 하나님이 행하시지만 눈물은 하나님의 일하심을 위한 통로로 작용한다. 세상 사람들은 실컷 울며 마음의 후련함을 경험하지만, 우리는 그것과 함께 눈물을 통해 하늘의 위로가 임한다는 걸 경험한다.

당신은 배우자의 얼굴을 바라보며 눈빛을 교환하던 마지막 때가 언제였는가? 언제부터인지 배우자와 눈 마주치는 걸 부담스러워하고 뭔가 모를 공허함에 허덕이고 있지는 않은가? 이전에 그(녀)와 함께하던 좋은 기억을 떠올리며 그(녀)와 눈빛을 자주 교환하면 어떨까 싶다.

남편에게 소망을 두지 않는 아내

이 책에 아내의 추천사가 있는데, 마지막 문단에 "더 이상 남편에게 소망을 두지 말고 오직 주님을 바라보자"는 말이 있다. 아내가 그냥 하는 말이 아니라 진심으로 그렇게 생각하고 하는 말이다. 아내는 남편 의존성이 강한 기질이다. 이와 반면에 나는 독립적인 기질이다. 혼자 있어도 외롭다는 생각을 해 본 적이 없다.

연애 때는 잘 몰랐는데 결혼생활을 하면서 그런 부분이 점점 문제가 되기 시작했다. 불타는 '사명감'에 사로잡혀 남편이 열심히 사역에

몰입하면 아내도 독립적으로 육아와 양육에 힘쓰는 줄 알았다. 이 말 자체가 일중독으로 흐를 위험성이 얼마나 큰지는 앞에서 자세하게 다루었다. 여하튼 아내는 그런 남편의 독립적인 기질 때문에 무척 힘들어하면서도 점점 놀라운 '경지'에 이르기 시작했다. 더 이상 남편에게 소망을 두지 않는다는 뜻이다.

이게 무슨 해괴한 말인가 싶겠지만, 놀랍게도 아내는 이전보다 더욱 남편을 사랑하고 존경한다. 나의 말이 아니고 아내의 고백이다. 더 이상 남편에게 소망을 두지 않으니까 신기하게도 남편이 사랑스럽게 보인다고 한다. 왜 그런 것일까? 남편이 아닌 주님을 의지하고 주님께 소망을 두니까 아내의 마음에 여유가 생겨 그렇게 반응하는 것이 아닐까? 아내는 주님께 소망을 두며 남편을 위해 힘써 기도한다. 마음의 여유가 생기니까 잔소리도 거의 하지 않는다. 남편이 간혹 기분 나쁘게 하면 하나님께 바로 '고자질'해서 뉘우치도록 만드는 신통한 기도의 능력을 발휘한다.

나는 이런 아내가 참 좋고 사랑스럽다. 남편 의존성이 여전히 강하지만 이전처럼 그런 상태로 남편에게 의존하지 않는다. 하나님을 더욱 의지하는 가운데 성령님이 주시는 마음의 여유로 남편을 대하기 때문에, 남편에게 기대하는 그 무엇이 비록 채워지지 않아도 이전처럼 크게 낙담하지 않는다. 진정한 위로와 소망은 남편이 아닌 하나님께 있다는 걸 알기 때문이다.

결혼 전에 아내는 자기보다 하나님을 더 사랑하는 남편을 만나게 해 달라고 기도했다고 한다. 그랬더니 정말로 그런 '인간'을 만나 한동안 마음고생이 심했다. 물론 아내는 사랑하지 않고 하나님만을 사랑한다는 의미가 아니다. 하나님을 사랑하는 것과 배우자를 사랑하는 것이 결코 분리될 수 없다. 하나님 사랑과 배우자 사랑이 긴밀하게 연결되어 있는데도 12년 전까지 나는 왜곡된 사명감에 사로잡혀 아내 사랑하기를 등한시했다. 그 과정에서 아내가 남편이 아닌 하나님께 소망을 두게 되는 '긍정적인' 측면도 있었지만, 지금 와서 돌이켜 보면 하나님을 '더 사랑하는' 남편 때문에 아내가 정말 힘들었겠구나 하는 후회가 밀려온다. 앞으로는 남편에게도 소망을 둘 수 있도록 좀 더 분발해야겠다!

하나님만으로는 채워지지 않는다

우리는 하나님을 더욱 사랑해야 하지만 하나님만을 사랑할 수 없다. 무슨 말인가 하면, 사람을 다 배격하고 '오직' 하나님만을 사랑한다는 것이 불가능하다는 말이다. 아무리 성령 충만하여 하나님을 사랑하는 사람이라고 해도 동역자들과 함께하고 싶고 사람을 보고 싶어 하는 갈망이 일어난다. 그 누구보다 하나님을 사랑했던 사도 바울 역시 디모데를 보고 싶어 하며(딤후 1:4) 여러 동역자들과 함께하고 싶어 했다.

모든 사람의 마음에는 하나님만이 채우실 수 있는 공간이 있지만, 동시에 하나님이 '사람을 통해' 채워 주시는 공간도 있다. 이 마음의 공간은 사람을 거치지 않은 상태에서 하나님만으로는 채워지지 않는다. 기도만 열심히 하면 마음의 공간이 하나님의 사랑으로 다 채워질 것 같은가? 천만의 말씀이다. 당연히 열심히 기도해야 하지만 하나님이 사람을 통해 주시는 위로와 사랑이 우리 마음에 정말 크게 작용한다. 사람은 그 본질상 관계적이기 때문이다. 성부 성자 성령 하나님도 삼위일체라는 '관계'로 존재하시는 것처럼, 우리도 그리스도 안에서 연합된 성도들과 함께 존재하며 상호작용하는 그 관계성 가운데 하나님의 사랑이 우리 마음에 채워진다.

이러한 원리가 가장 잘 드러나는 사이가 바로 부부 관계이다. 남편과 아내는 하나님만이 채우실 수 있는 마음의 공간이 각각 있지만, 동시에 하나님이 '남편을 통해' 아내의 마음을 채우시고 하나님이 '아내를 통해' 남편의 마음을 채우시는 공간이 존재한다. 부부가 서로 사랑해야 하는 이유도 이 지점에 있다. 부부는 각각 하나님의 사랑으로 충만해야 한다. 그런 상태에서 부부가 서로 사랑할 때 각자 마음에 부어진 하나님의 사랑이 서로에게 흘러간다. 이것이 바로 하나님이 남편을 통해 아내의 마음을, 또 아내를 통해 남편의 마음을 채우시는 방식이다.

나는 하나님을 사랑하지만 아내 없이 하나님만을 사랑할 수 없다. 나와 아내는 한 몸이기 때문이다. 나는 하나님 한 분만으로 '만족하지만' 아내에게 사랑을 받을 때 그 만족감이 훨씬 커진다. 하나님을 아무리 사랑해도 내 마음에 뭔가 채워지지 않는 공간이 있다. 결혼한 부부는 그게 무엇인지 직감적으로 안다. 제아무리 혼자 하나님을 사랑한다고 해도 배우자에게 사랑을 받지 못하면 그 마음 깊은 곳에 채워지지 않는 공간이 생긴다. 부부라는 '관계'를 통해 하나님의 사랑이 서로에게 흘러가야 하는데 흘러가지 않기 때문이다.

여하튼 우리는 하나님만으로 채워지지 않는 마음의 공간이 있음을 알아야 한다. 남편은 아내의 사랑이 있어야 그 마음의 공간이 채워진다. 아내도 남편의 사랑이 있어야 그 마음의 공간이 채워진다. 당신이 배우자의 그 마음을 채워 주지 않는다면 거기에는 다른 사람의 사랑으로 채워질지도 모른다. 하나님 한 분만으로 만족한다고 배우자가 말할 때 오히려 숨은 뜻을 면밀하게 살펴야 할지도 모른다.

나눔과 적용을 위한 질문

1. 부부 싸움을 할 때 무슨 일로 가장 많이 싸우는지 진솔하게 나누어 보라.

2. 남편이 '동굴 타임'에 빠져 있을 때 어떻게 반응하고 있는가? 또는 아내가 당신을 '동굴' 속에서 끄집어내려고 할 때 어떻게 반응하는가?

3. 배우자와 대화하면서 답답하다고 느낀 적은 없는가? 무슨 대화 중에 서로 잘 알아듣지 못했는지 허심탄회하게 말해 보라.

4. 부부 싸움을 하고 나서 어떤 방식으로 화해하는가? 갈등이 생길 때마다 회피하려고 하지는 않는가? 어떻게 하면 더 잘 화해할 수 있을지 서로 나누어 보라.

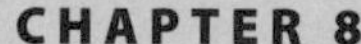

이혼과 재혼, 그리고 현실

이혼 가정에서 성장한 아이

기상천외한 오늘날의 이혼

성경이 허용하는 이혼 사유〈1〉: 배우자의 간음

성경이 허용하는 이혼 사유〈2〉: 비신자 배우자의 거부

명시적이지 않은 이혼 사유들

어떤 경우에 재혼할 수 있는가

재혼에 대한 현실적인 문제들

재혼이 능사는 아니다

언젠가 우리는 혼자 남는다

이혼 가정에서 성장한 아이

하루가 멀다 하고 부부 싸움을 일삼는 커플이 있었다. 고부간의 갈등이 원인이 되어 급기야 부부 관계에 위기를 초래한 것이다. 그 사이에 태어난 아이는 초등학교에 입학하면서부터 집안 분위기가 뭔가 이상하다는 걸 느꼈다. 심지어 아버지가 어머니를 피투성이가 되도록 폭행하는 장면을 목격하기도 했다. 가장의 가정 폭력과 폭언은 멈출 기미가 보이지 않았다. 어느 날 아버지는 심장병으로 쓰러지고 어머니는 이제 기회가 왔다 싶어 피눈물을 삼키며 자식을 버려두고 가출을 단행했다.

그 아이는 원래 개구쟁이 기질이었는데 끔찍한 가정환경 때문인지 점점 불안과 강박에 시달리고 입을 닫고 살았다. 급기야 사람들과 대화를 제대로 못하는 유창성 장애(극심한 말더듬)에 시달려 괴로워했다. 부모님이 갈라선 이유가 혹시 자신 때문일지도 모른다는 자책까지 들었다. 그나마 다행인 건 아버지가 쓰러지고 14년간 병상 생활을 할 때 그 아이가 교회를 다니며 역경을 버티고 있었다는 것이다. 역기능 가정의 폐해로 인생이 망가질 뻔했지만 하나님이 그 아이를 붙드셔서 지금 이 책을 쓰는 목사로 만드셨다.[90)]

원래는 『부부 신학』에 이혼이라는 암울한 주제를 피하고 싶었다.

★

90) 더 자세한 내용은 다음 책을 참고하라. 권율, 『전능자의 손길』 (서울: 세움북스, 2024).

하지만 교회 안에도 이혼을 생각하거나 실제로 이혼하는 부부가 의외로 많다. 그래서 실제 이혼 가정에서 성장한 당사자로서 부부의 이혼 문제를 간단하게라도 다루고 싶다. 이혼이 당사자와 자녀에게 얼마나 끔찍한 결과를 초래하는지 체험적인 언어로 말하려고 한다. 혹시나 마음속으로 이혼을 생각하는 부부들은 진지하게 귀를 기울여 주시기 바란다.

무엇보다 이혼은 하나님 앞에서 서약한 결혼 언약을 파기하는 무서운 범죄이다. 나도 결혼 주례를 서지만, 신랑 신부는 하나님이 세우신 주례자 앞에서 혼인 서약을 하고 죽음이 둘 사이를 갈라놓을 때까지 그 언약을 지키겠다고 엄숙하게 맹세한다. 그 순간 주례자는 그 부부의 언약을 입증하기 위해 "성부와 성자와 성령의 이름으로" 성혼 공포(또는 선포)를 한다. 즉, 신랑 신부가 마침내 한 몸이 되었다는 사실을 삼위 하나님의 이름을 걸고 여러 증인 앞에서 확증하는 것이다. 하나님의 거룩한 이름을 걸었기 때문에 하나님 외에는 아무도 그 언약을 깨뜨릴 수 없다. "그러므로 하나님이 짝지어 주신 것을 사람이 나누지 못할지니라"(마 19:6; 막 10:9).

그럼에도 완악한 인간들은 성격이 안 맞다는 이유로, 또 이런저런 이유를 들어 하나님 앞에서 굳게 서약한 결혼 언약을 깨뜨려 버린다. 삼위 하나님을 믿는다는 크리스천 부부들이 쉽게 이혼을 결정하는 건 하나님의 이름을 모독하는 것임을 기억해야 한다. 결혼식 당일에 하나님의 이름을 걸고 엄숙하게 서약하지 않았는가?

신랑 권율 군은 신부 손미애 양을 아내로 맞아 오늘부터 한평생 길이 사랑하며, 기쁠 때나 슬플 때나, 강건하거나 병들거나, 부유하거나 가난하게 되는 모든 경우에도 존중히 여기며 도와주고, 부부의 신의와 순결을 굳게 지키기로 하나님 앞과 여러 증인들 앞에서 서약합니다.

극히 예외적인 경우(불륜, 폭행 등)를 제외하고 하나님 앞에서 서약한 내용은 반드시 지켜야 한다. 예외 경우라도 최대한 관계 회복을 위해 노력해야 한다. 크리스천 부부가 이혼하는 건 단지 그 둘의 문제가 아니다. 남편과 아내의 관계를 통해 그리스도와 교회의 신비적 연합을 입증하기 원하시는 그분의 말씀(엡 5:31-32)을 떠올려 보라. 부부가 언약을 깨뜨리는 건 마치 그리스도와 교회의 관계가 끊어지는 '것처럼' 하나님이 인식하신다. 성도의 이혼은 그리스도의 몸을 파괴하는 행위와 같다는 사실을 분명히 기억해야 한다.

부부가 이혼하게 되면 자녀들에게 씻을 수 없는 상처를 안겨 준다. 이 경우의 당사자로서 나는 생생하게 증언할 수 있다. 아무리 자녀들 몰래 부부가 싸우고 반목을 해도 자녀들은 다 지켜보고 있다. 어릴 때 우리 부모님은 몰래 싸운답시고 두 아들을 깊이 재우고 아버지가 어머니에게 일방적으로 폭행과 폭언을 했는데, 나는 잠결에 그 모습을 보게 되었다. 어린 나이에 너무 무서웠지만 모르는 체하고 잠자는 척했다. 심지어 아버지가 부부 문제에 간섭하는 할머니한테 식칼을 들고 죽여 버린다고 소리치는 장면도 생생히 기억난다.

당신들은 성격이 안 맞아 자기 분에 못 이겨 죽일 듯이 싸우겠지만, 그걸 알게 모르게 지켜보는 자녀는 트라우마(trauma)를 겪게 된다는 걸 명심하시라! 나는 아버지의 그런 모습을 치가 떨리도록 증오했고 신앙생활을 하는 중에도 내 마음 한편에는 아버지를 향한 잠재된 증오심이 있었다. 그러나 아버지가 소천하실 때 하나님이 용서하는 마음을 주셔서 그런지 아버지의 시신 앞에서 눈물이 멈추지 않았다. 20년도 더 지난 지금은 아버지가 가끔 그립다. 손자라도 보고 가셨으면 좋았을 것을.

부부의 이혼은 자녀의 부모 됨에 막대한 영향을 끼치게 된다. 나는 아버지의 모습을 절대로 닮지 않겠다고 굳게 다짐했다. 결혼하면 아버지 같은 남편으로 살지 않겠다고 이를 악물고 노력했다. 하나님의 은혜로 모난 기질이 다듬어져서 그런지 다행히 아버지 같은 '폭군' 남편의 모습은 완전히 사라졌다. 그런데 문제는 자녀를 키우면서 나타나기 시작했다. 아이들을 대하는 나의 모습이 어디서 많이 본 듯한 모습이었다. 어느 날 둘째 아들을 심하게 야단쳤는데 아들이 소스라치게 놀라는 모습을 보는 순간, 수십 년 전에 아버지의 폭언에 놀라는 나의 모습이 겹쳐 보였다. 그날 밤에 얼마나 자책하고 후회했는지 모른다. 아버지와의 관계가 참으로 중요하다는 사실을 뼈저리게 깨달았다. 아버지와 좋은 추억을 쌓은 만큼 자녀에게 좋은 아버지가 될 수 있다는 걸 느꼈다.

다행히 지금은 그런 모습이 없어졌다. 우리 집 아들 삼 형제에게만

큼은 수십 년 전의 소년이 겪었던 트라우마를 절대로 대물려 주고 싶지 않다. 비록 내가 육신의 아버지와는 건강하지 못한 관계를 맺었지만 이제는 하늘 아버지와 풍성한 사랑의 관계를 맺고 있다. 하나님 아버지께 받은 크고 놀라운 사랑을 이제 내 아들들에게 물려주고 싶다. 이전보다는 여러 모로 노력하지만 아직도 아내가 보기에, 아들들이 보기에 아버지로서 부족한 부분이 많다. 부끄러운 아버지가 되지 않도록 계속 노력해야겠다.

기상천외한 오늘날의 이혼

가장 최근의 '혼인 이혼 통계'인 2023년 자료를 보면, 혼인 건수는 19만 4천 건이고 이혼 건수는 9만 2천 건이다.[91] 여기에는 외국인과의 이혼 및 연령별 이혼 건수도 포함되어 있는데, 아무튼 통계 수치만을 두고 단순하게 계산해 보면 2023년의 이혼율은 47.4%가 넘는다. 그러니까 결혼한 부부가 살면서 이런저런 이유로 두 쌍 중에 거의 한 쌍이 이혼한다는 말이다.

요즘은 예전과는 달리 이혼 사유가 다양해졌다. 예전 세대는 주로

★

91) 김경미, "2023년 혼인 이혼 통계", 『통계청 누리집』, 2024년 3월 19일, https://www.kostat.go.kr/board.es?mid=a10301010000&bid=204&act=view&list_no=429995.

남편의 가정 폭력과 폭언 및 상습적인 불륜이 이혼 사유였다면, 요즘에는 부모 세대들(60대 이상)이 보기에 도무지 납득이 안 되는 사유들이 많다. 이른바 '돌싱'(이혼하고 돌아온 싱글)을 대상으로 한 최근의 설문조사에는 가장 큰 이혼 사유로 배우자의 '승승장구'가 1위로 꼽혔다.[92] 그러니까 직장에서 승승장구하며 자존감이 높아지면 부부 사이에 위화감이 조성되고 이것이 부부간의 갈등을 초래한다는 것이다. 40대 중반의 나로서도 도무지 이해가 되지 않는다. 배우자가 출세하면 오히려 함께 기뻐할 것 같은데 요즘 세대는 그렇지 않은 것 같다.

심지어 '엑셀 이혼'이라는 것도 있다. 즉, 각자가 결혼생활에 부담한 시간과 비용을 엑셀 프로그램으로 정리해서 따지며 나누다가 도저히 안 되면 이혼한다는 것이다.[93] 예를 들어, 부부가 어느 한쪽이 쓰려고 하는 물건 값은 그 사람이 내야 하고, 공동으로 사용하는 물품은 공동 계좌에서 지출하고, 집안일까지도 각자가 해야 할 일을 일목요연하게 엑셀로 정리한다는 것이다. 결혼생활 중에 이런 부분이 계속 지켜지지 않으면 이혼 사유로 삼겠다고 서로 자연스럽게 말한다.

엑셀 이혼이 성립되려면 '엑셀 결혼'이 있어야 한다. 실제로 MZ 세

★

92) 재혼정보업체 '온리-유'와 결혼정보회사 '비에나래'가 전국 재혼 희망 돌싱 남녀 556명을 대상으로 '전(前) 배우자의 장점이 이혼의 원인으로 작용한 사항'에 대한 인식 조사를 실시한 것이다. 조유경, "돌싱男女 이혼 원인 물어보니…성격·외도 아닌 바로 '이것'", 『동아일보』, 2024년 5월 11일, https://www.donga.com/news/article/all/20240511/124891050/2.

93) 김혜영, "'예비신랑' 조세호, 반반결혼 트렌드에 고개 갸웃 "엑셀은 좀…"(유퀴즈)", 『iMBC연예』, 2024년 9월 5일, https://enews.imbc.com/News/RetrieveNewsInfo/429040.

대들(특히 20-30대)의 결혼 트렌드라고 하는데 '반반 결혼'이라고도 한다. 결혼하는 데 막대한 비용이 들어서 그런지 모든 걸 반반으로 나눈다는 뜻이다. 결혼할 때 각자 절반씩 부담해서 결혼자금 통장을 만들고 결혼 후에도 생활비 통장을 만들어 거기에 반반씩 돈을 넣어 가계를 운영한다는 것이다. 이것이 굉장히 합리적으로 보이는 것 같지만, 사실 그 기저에는 '절반까지만 부담하고 그 이상은 싫다'는 이기심이 깔려 있다.[94] 신앙의 유무를 떠나서 기성 세대들이 보기에는 굉장히 낯선 결혼관이다.

교회 안에도 이런 결혼관을 가진 젊은 부부들이 생겨나고 있다. 내가 상담한 부부 중에 그런 경우가 있었다. 남편이 목회자인데 아내는 각자 해야 할 일을 엑셀로 정리해서 표를 만들어 벽에 붙여 놓는다고 한다. 그나마 남편을 배려해서(?) 교회에 출근하지 않는 날로 가사 업무를 분담해 줬다고 한다. 그런데도 제대로 지키지 않는 남편 때문에 정말 힘들다는 고충을 들은 적이 있다. 결혼생활 20년 차인 우리 부부는 그들의 고충이 도무지 이해가 되지 않았다.

그래서 요즘의 이혼 문제는 예전 세대의 이혼과는 또 다른 문제로 접근할 필요가 있다. 예전에는 당연히 참고 살아야 하는 부분들이 요즘 MZ 부부에게는 심각한 이혼 사유로 작용하고 있다. 교회를 다니고

★

94) 추영, "반반결혼, 엑셀이혼…요즘 부부들이 사는 법", 『웨딩TV』, 2024년 2월 16일, https://www.wedd.tv/news/articleView.html?idxno=8533.

신앙이 있어도 확실히 부모 세대의 결혼관과는 많은 부분에서 차이가 난다. 옳고 그름의 문제로만 접근하기 시작하면 대화가 단절될지도 모른다. 『부부 신학』도 마찬가지일지도 모르겠다. 예전 세대에게는 이 책이 영적인 도전과 감동을 줄 수 있을 것 같은데, '엑셀 결혼, 반반 결혼'과 같은 결혼관을 가진 MZ 부부들에게는 과연 어떻게 느껴질지 저자로서 궁금해진다. 그럼에도 성경과 복음에 기초한 결혼관을 들려주고 싶은 거룩한 부담감이 있다.

성경이 허용하는 이혼 사유〈1〉: 배우자의 간음

성경은 원칙적으로 이혼을 금하지만 극히 예외적인 경우에 이혼을 허용하고 있다. 예수님의 말씀에 따르면, 우선 배우자가 간음을 저지른 경우에 이혼을 허용한다. 마태복음 19장 3-12절을 통해 예수님의 의도를 살펴보자. 어느 날 바리새인들이 예수님을 찾아와서 이렇게 질문했다. "사람이 어떤 이유가 있으면 그 아내를 버리는 것이 옳으니이까"(3절). 그들이 이렇게 질문한 이유는 이혼에 대해 진지하게 자문을 구하려고 한 게 아니라 예수님을 시험하려는 것이었다. 그러자 예수님은 창세기 본문을 언급하시며 그들에게 일침을 가하셨다.

4예수께서 대답하여 이르시되 사람을 지으신 이가 본래 그들을 남자

와 여자로 지으시고 5말씀하시기를 그러므로 사람이 그 부모를 떠나
서 아내에게 합하여 그 둘이 한 몸이 될지니라 하신 것을 읽지 못하였
느냐 6그런즉 이제 둘이 아니요 한 몸이니 그러므로 하나님이 짝지어
주신 것을 사람이 나누지 못할지니라 하시니 _마 19:4-6

보다시피 4-5절에서 예수님은 창세기 1장 27절[95]과 2장 24절[96]을 언급하시며 그 결론을 6절에서 말씀하신다. 즉, 하나님이 태초에 결혼 제도를 세우신 목적대로 남편과 아내는 더 이상 둘이 아니고 한 몸이기 때문에, 하나님이 그렇게 짝지어 주신 것을 사람이 나눌 수 없다는 말씀이다.

그런데 바리새인들은 물러서지 않고 질문을 이어 나간다. “그러면 어찌하여 모세는 이혼 증서를 주어서 버리라 명하였나이까”(7절). 이 부분에서 그들이 모세 율법을 어떻게 이해하는지 분명하게 드러난다. 그들은 하나님이 원래 정하신 결혼의 목적이 “모세의 규정으로 사실상 대체되었다고 생각했다.”[97] 그러니까 결혼을 하고도 이혼 증서를 써 주고 아내를 버릴 수 있다는 것이다. 하지만 예수님의 말씀은 모세 율법이 하나님의 본래 의도를 대체하는 것이 아니고 완악한 인간들의 현

★

95) 하나님이 자기 형상 곧 하나님의 형상대로 사람을 창조하시되 남자와 여자를 창조하시고

96) 이러므로 남자가 부모를 떠나 그의 아내와 합하여 둘이 한 몸을 이룰지로다

97) 안드레아스 쾨스텐버거 외, 『성경의 눈으로 본 결혼과 가정(보급판)』, 윤종석 옮김 (서울: 아바서원, 2024), 291.

실을 반영하는 것뿐이라는 의미이다(8절).

이것은 사실상 우리가 성경을 읽을 때도 중요한 원리이다. 우리는 구약에 나오는 진술들을 곧 하나님의 본래 의도라고 단정하며 읽으려고 한다. 예를 들어, 구약에 나오는 전쟁 기사를 읽으며 어떤 교인들은 우리가 악하다고 생각하는 무리를 처단하기 위해 구약의 이스라엘이 그랬던 것처럼 무력을 동원해서라도 싸워야 한다고 주장한다. 천만의 말씀이다! 전쟁은 하나님의 본래 의도가 아니라 범죄 이후에 완악한 인간들이 어떻게 사는지 그대로 보여 주고, 그 상태에서 하나님이 이스라엘을 사용하셔서 당신의 능력을 세상에 보여 주시려는 일시적인 수단일 뿐이다. 신약에서 예수님이 "칼을 가지는 자는 다 칼로 망하느니라"(마 26:52)고 하나님의 본래 의도를 말씀해 주셨다.

마찬가지로 모세의 율법에 나오는 이혼 규정[98]은 하나님이 의도하신 본래의 목적이 아니다. 이혼은 결코 있어서는 안 될 일이지만 당시 타락한 결혼 문화를 그대로 반영하고 그런 상황에서 무분별한 이혼을 억제하는 최소한의 조치로 이해해야 한다. "그러면 어찌하여 모세는 이혼 증서를 주어서 버리라 명하였나이까"라는 그들의 질문에는 평소 자신들의 숨은 의도가 들어 있다. 즉, 결혼해서 살다가 아내가 마음에 들지 않으면 규정에 나오는 아내의 "수치되는 일"(신 24:1)을 임의로 해

★

98) 사람이 아내를 맞이하여 데려온 후에 그에게 수치되는 일이 있음을 발견하고 그를 기뻐하지 아니하면 이혼 증서를 써서 그의 손에 주고 그를 자기 집에서 내보낼 것이요 (신 24:1).

석하여 이혼 증서를 써 주고 버려도 전혀 무방하다는 것이다.

그러자 예수님이 말씀하셨다. “내가 너희에게 말하노니 누구든지 음행한 이유 외에 아내를 버리고 다른 데 장가 드는 자는 간음함이니라”(9절). 다시 말해, 아내에게 부정한 점이 발견된다고 해서 무턱대고 이혼 증서를 써 주고 버릴 수 있다는 그들에게, “음행한 이유 외에” 아내를 버리는 것은 결코 있어서는 안 된다는 말씀이다. 흥미롭게도 예수님의 말씀에 제자들까지 놀랍다는 반응을 보인다. “제자들이 이르되 만일 사람이 아내에게 이같이 할진대 장가 들지 않는 것이 좋겠나이다”(10절). 그러니까 제자들도 당시의 유대인들처럼 예수님의 말씀이 너무 엄격하다고 생각했던 것 같다.

예수님의 말씀을 좀 더 묵상해 보면, 이혼을 엄격하게 규제하신 동시에 음행한 배우자를 용서할 수도 있어야 함을 의도하신 것이다. 예수님은 간음하다가 현장에서 잡힌 여인에게 용서와 사랑을 베풀어 주셨다(요 7:53-8:11). 1세기 당시 유대인들은 이혼 규정을 ‘임의로 해석하여’(항상 그러지는 않았겠지만) 이혼을 ‘의무화’했지만, 예수님은 배우자가 음행을 저지를 때만 ‘허용’하신 것으로 보인다.[99] 즉, 배우자의 불륜 때문에 정말 부득이하면 이혼할 수는 있으나, 때로는 용서해서 관계를 회복할 수도 있어야 한다는 말씀이다.

예수님의 말씀을 오늘날의 부부에게 어떻게 적용할 수 있겠는가?

★

99) 안드레아스 쾨스텐버거 외, 『성경의 눈으로 본 결혼과 가정(보급판)』, 292.

첫째, 하나님이 원래 세우신 결혼의 목적대로 하나님이 짝지어 주신 부부 관계를 사람이 나눌 수 없다는 사실을 명심해야 한다. 많은 크리스천 부부들이 스스로가 '하나님이 짝지어 주신' 관계임을 자주 잊고 사는 것 같다. 세상의 수많은 사람들 중에 단 한 사람을 만나 인생을 함께하는 관계는 사실 하나님의 섭리가 아니면 일어날 수 없는 일이다. 그(녀)를 선택하는 건 자신들이 했지만 그런 선택을 하도록 배후에서 섭리하셨던 하나님의 손길을 기억해야 한다. 혹시 현재 이혼을 고려하고 있다면 당신에게 임했던 하나님의 섭리를 다시 묵상해 보기 바란다.

둘째, 자신이 이혼 사유를 임의대로 만들지 않아야 한다. 예수님 당시 바리새인들이 율법에 나오는 이혼 규정을 임의대로 해석하여 아내 버리는 일을 정당화했던 짓을 반면교사로 삼아야 한다. 오늘날에는 남편이나 아내나 할 것 없이 온갖 이혼 사유들을 만들어 내어 이혼하는 것을 서슴지 않고 있다. 앞서 말한 '엑셀 이혼' 현상을 생각해 보라. 그 목록들이 모조리 자기가 보기에 좋을 대로 정한 것이고 그걸 지키지 않으면 배우자 탓으로 돌리고 쉽게 이혼하려고 한다. 결혼이라는 언약을 평생 지켜야 할 엄숙한 약속으로 생각하기보다 자기 인생에서 하나의 '이벤트' 정도로 생각하는 것 같다. 특히 자녀가 없는 경우에는 더 그런 생각을 가지고 있다. 다른 사람을 만나 새 출발을 하면 된다는 식이다.

세상은 그렇다 치더라도 우리 성도들은 예수님의 말씀을 따라야 한다. 혹시 배우자와 도저히 성격이 안 맞아서 못 살겠다는 생각이 드는가? 그러면 우리의 '신랑' 되신 예수님의 마음을 곰곰이 묵상해 보기 바란다. 예수님은 당신의 신부 된 우리와 성격이 잘 맞아서 영원히 함께하신다고 생각하는가? 코로나 시절에 온라인 북 콘서트를 가졌는데 어느 참석자가 나보고 이혼 문제를 어떻게 생각하냐고 질문한 적이 있다. 당연히 나는 성경에 근거해서 배우자가 "음행한 이유 외에" 결코 이혼해서는 안 된다고 답변했다. 나중에 들은 얘기로는, 그분은 내 답변에 발끈하면서 성격이 안 맞는 배우자와 사는 게 얼마나 힘든지 아냐고 항변하셨다고 한다. 그게 얼마나 힘든지 나도 잘 알고 있다. 오죽했으면 아내가 나보고 "우리 결혼생활이 '로또' 같다"는 말을 한동안 했겠는가. 하지만 지금은 서로 배려하며 이전보다 더욱 사랑하며 행복하게 살고 있다.

셋째, 혹시 배우자가 음행을 저질렀더라도 한 번쯤 용서하고 관계 회복을 위해 다시 노력해 봐야 한다. 물론 이 말을 쉽게 할 수 없다는 것도 잘 알고 있다. 불륜을 저지른 배우자 입장에서는 용서와 관계 회복을 쉽게(?) 말할 수 있을지 몰라도, 고통을 겪는 다른 배우자 입장에서는 그런 마음을 품기가 여간 어려운 일이 아니다. 더군다나 용서하고 관계를 회복하는 데도 엄청난 시간이 걸린다. 특히 남편의 불륜 때문에 고통을 겪은 아내 입장에서는 정신적인 충격이 오래 지속되고, 남편과 침실에 같이 있을 때마다 남편이 저지른 일이 생각나서 쉽게 떨쳐 내기가 정말 힘들다. 물론 반대의 경우도 크게 다르지 않다.

그럼에도 당사자가 진심으로 뉘우치고 회개하고 있다면 용서와 회복을 위해 노력해 볼 만하다. 죄를 지은 배우자는 두 번 다시는 불륜을 저지르지 않겠다고 하나님 앞에 서약하고 그 서약이 진짜라는 사실을 앞으로 시간을 두고 입증해야 한다. 그리고 상처를 입은 배우자의 모든 반응을 참고 무조건 이해하는 시간을 가져야 한다. 입이 열 개라도 할 말이 없기 때문에 배우자가 표출하는 고통스러운 감정을 진심으로 받아들이고, 배우자 입에서 "이제 괜찮다"는 말이 나올 때까지 사죄하는 마음으로 일상을 살아야 한다. 그리고 둘만의 새로운 추억을 만드는 일에 이전보다 더욱 시간을 쏟아야 한다. 결혼 전 연애를 다시 한다는 생각으로 상처 입은 배우자를 위해, 또 자신을 위해 행복한 시간을 자주 가져야 한다. 그러다 보면 하나님의 은혜로 이전보다 더욱 성숙한 사랑을 경험할 수 있을 것이다.

성경이 허용하는 이혼 사유〈2〉: 비신자 배우자의 거부

성경이 허용하는 두 번째 이혼 사유는 성도가 아닌 배우자가 결혼생활을 거부하는 것이다. 사도 바울이 고린도 교회 성도들에게 들려준 지침이다. "혹 믿지 아니하는 자가 갈리거든 갈리게 하라. 형제나 자매나 이런 일에 구애될 것이 없느니라"(고전 7:15). 이것은 예수님의 말씀에 없는 가르침이라서 의아하게 생각할 수도 있다. 하지만 예수님은 주로 유대인들 사이에서 사역하셨기 때문에, 바울이 처해 있는 헬라 지역의 선교지에서 일어나는 소위 '혼합 결혼'에 대한 가르침을 남기지 않으신 것뿐이다.[100)]

1세기 당시 고린도는 지극히 문란하고 우상숭배가 극심한 항구 도시였다. 그런 지역에 바울의 복음 선교를 통해 교회가 세워지고 성도들이 신앙생활을 하다 보니까 혼합 결혼 문제가 생긴 것이다. 배우자 중 어느 한쪽만 예수님을 믿고 다른 한쪽은 비신자인 상태로 사는 경우가 많았다. 이런 상황에서 바울은 그런 성도들에게 실제적인 지침을 들려주고 있다. 믿지 않는 배우자가 갈라서자고 말하면 그냥 이혼해도 된다는 것이다.

하지만 바울의 진술을 우리가 신중하게 접근해야 한다. 오늘날 우리 상황에서 믿지 않는 배우자가 갈라서자고 할 때 그냥 이혼하는 것과는 상당히 다른 느낌이다. 요즘은 아무리 성도가 아니라고 해도 배우자에게 노골적으로 우상숭배를 강요하거나 신앙을 극심하게 박해하는 경우는 드물다. 하지만 1세기 당시 고린도에는 그런 분위기가 역력했다. 고린도 사람들이 듣도 보도 못한 예수라는 사람을 하나님으로 믿으라고 하는데, 그걸 실제로 믿게 된 사람들은 이전과 같은 결혼생활을 유지하기가 매우 힘들었다. "음행을 피하라"(고전 6:18)는 가르침을 받은 성도들이 이전처럼 다시 신전에 가서 성행위로 결합된 우상

★
100) 김세윤, 『고린도전서 강해(개정판)』 (서울: 두란노, 2008), 133.

숭배를 할 수 있었겠는가?

그러한 일상을 고집하는 배우자가 더 이상 결혼생활을 같이 할 수 없다고 하면 그냥 갈라서라는 말이다. (유대 사회와는 달리 고린도는 헬라적 관습에 의해 여자도 이혼을 제기할 수 있었다.) 예수님을 믿는 형제나 자매가 그런 일에 매일 필요가 없다고 바울은 단언한다. 그리스도와 연합된 거룩한 성도이기에 더 이상 우상숭배에 동참할 수 없기 때문이다. 그럼에도 바울은 믿지 않는 배우자가 함께 살기를 좋아하면 버리지 말라고 권면한다(7:12-13). 이것은 그 배우자가 우상숭배를 강요하거나 신앙을 박해하지 않는다는 전제를 하고 있다. 바울이 그렇게 권면하는 이유는 혹시 배우자가 믿는 남편 또는 아내를 통해 거룩하게 될 수도 있기 때문이다(7:14). 당장은 혼합 결혼인 상태이지만 믿는 배우자를 통해 거룩한 결혼으로 거듭날 수도 있다는 선교적 마인드이다.

바울의 가르침은 오늘 우리에게 실제적으로 적용될 수 있다. 사실 문자 그대로 적용해도 무방하다. 한국 교회에도 한쪽만 예수님을 믿는 부부가 꽤 있다. 이런 경우에 믿지 않는 배우자가 같이 살기를 좋아하면, 바울의 권면대로 이혼하지 말고 같이 살아야 한다. 믿는 배우자를 통해 남편 또는 아내가 혹시 예수님을 믿게 될지도 모르기 때문이다. 평생을 함께하다 보면 믿는 배우자의 삶을 통해 알게 모르게 복음의 영향력을 받게 된다. 물론 믿지 않는 배우자에게 더 큰 영향을 받아 신앙이 퇴보하는 경우도 많다. 그렇지라도 믿는 남편 또는 아내는 하나님을 신뢰하며 복음의 능력이 배우자에게 임하도록 기도해야 한다.

만일 믿지 않는 배우자가 남편 또는 아내의 신앙을 노골적으로 핍박하며 결혼생활을 거부한다면, 바울의 권면대로 굳이 매이지 않고 이혼해도 무방하다. 이런 경우에도 배우자의 변화를 기대하며 함께 살도록 또다시 노력해야겠지만, 그럼에도 변화의 기미가 전혀 보이지 않으면 최후의 수단으로 이혼을 생각할 수 있다. 하지만 자녀를 생각해서 참아야겠다고 하면, 배우자의 핍박을 각오하고 신앙생활을 지혜롭게 할 수 있는 방도를 찾아야 한다.

명시적이지 않은 이혼 사유들

이제 좀 더 현실적으로 접근하려고 한다. 성경에 명시적으로 나오지 않지만 이혼 사유가 될 법한 경우를 다루고자 한다. 우리는 성경의 진술을 대할 때 지나치게 문자적으로만 이해해서는 안 된다. 그러니까 성경에서 이혼 사유로 언급된 배우자의 간음과 비신자 배우자의 결혼생활 거부 외에는 그 어떠한 경우도 이혼해서는 안 된다고 주장하기에는 무리가 있다. 성경 시대에 살았던 사람들과 오늘 우리가 처한 상황이 너무나 다르다.

이미 바울의 경우에 그것을 증명하고 있지 않은가? 바울은 1세기의 동시대 사람이었는데도 예수님이 사역하신 환경과는 완전히 다른 선교지에서 복음을 전하다 보니 '혼합 결혼'이라는 문제에 답을 해야 했다. 다른 사도들을 통해 예수님의 가르침을 분명히 인지하고 있었을 터인데, 그분의 가르침을 토대로 이제 새로운 상황에서 하나님의 뜻에 부합하는 신학적인 답변을 하며 새롭게 적용하는 것이다. 즉, 이혼 사유로 배우자의 간음을 말씀하신 예수님의 가르침을 문자적이고 율법주의적으로 이해하여 새롭게 맞닥뜨린 환경에서도 오직 그것만 적용할 수 있다고 주장하지 않았다. 굳이 더 설명하자면, 믿지 않는 배우자와 살고 있는 고린도 교회 성도들에게 배우자가 간음할 때를 제외하고는 절대로 이혼해서는 안 된다고 말하지 않았다. 우상숭배에 찌들어 있는 배우자가 믿는 남편 또는 아내에게 가하는 신앙적 박해를 충분히 고려해서 그렇게 말한 것이다.

마찬가지로 오늘 우리가 살아가는 환경에서도 신앙생활을 하다 보면 바울이 언급하지 않은 여러 상황을 접하게 된다. 크리스천 부부라고 하면서 남편에게 상습 폭행을 당하며 살아가는 아내의 경우를 생각해 보자. 남편이 딱히 바람을 피우는 것도 아니고 결혼생활을 거부하는 것도 아니다. 이 경우만 생각해 봐도 성경에 나오는 두 가지 이혼 사유에 해당되지 않는다. 더구나 남편의 가정 폭력은 교정될 기미가 보이지 않고 아내는 자녀를 위해 무작정 참고 살고 있다. 아내가 교회 목사님을 찾아가 상황을 알리고 상담을 요청했는데, 목사님은 성경적이지 않은 이혼 사유니까 끝까지 참고 기도하며 인내해 보자고 권면한다. 아내는 또다시 마음을 다잡고 기도하며 버텨 보지만 남편의 폭행과 폭언은 심해지고 급기야 일상생활을 할 수 없을 정도가 되었다.

이 정도 상황이 되면 외부의 도움으로 격리시켜야 한다. 교회가 이혼을 권할 수는 없겠지만, 피해자 아내가 이혼하기를 원한다면 허용해 주어야 한다. 하나님이 그런 배우자가 계속해서 남편에게 고통을 받으며 결혼생활을 유지해야 한다고 말씀하실 것 같은가? 천만의 말씀이다. 오히려 바울이 언급한 이혼 사유로도 해석해 볼 수 있다. 바울은 믿지 않는 배우자가 결혼생활을 거부하면 굳이 매이지 말고 갈라서라고 권면했다. 아내를 상습 폭행하고도 스스로 교인이라고 주장하는 남편은 복음을 믿지 않는 사람으로 간주해야 한다. 결혼생활을 거부하지 않더라도 그런 끔찍한 상황 자체가 정상적인 결혼생활을 거부하는 것으로 해석해야 한다. 이러한 해석을 시도하는 것이 어쩌면 바울이 새롭게 맞닥뜨린 상황에서 예수님의 가르침을 토대로 새로운 해석과 답변을 시도한 것과 일맥상통한다고 본다.

남편의 상습적인 폭행 외에도 크리스천 부부에게 여러 가지 이혼 사유가 있을 수 있다. 한 가지 분명한 점은 하나님이 성도의 결혼 언약을 참으로 소중히 여기시지만, 그 언약을 지키려다가 어느 한쪽이 극심한 고통에 계속 방치되는 것을 원하지 않으신다는 사실이다. 배우자와 자녀가 그런 환경에서 계속 살아가는 것을 원하지 않으신다. 물론 기도하며 참고 견디다가 극적으로 변화되어 새 사람으로 거듭나면 더할 나위 없이 기쁘고 좋은 일이다. 하지만 그럴 가능성이 없다고 판단되면 고통받는 당사자의 결정을 존중해야 한다.

이런 방식으로 이혼 사유를 만들어 내는 것이 성도들에게 자칫 이혼을 부추기는 위험성이 있다는 것도 알고 있다. 그래서 이혼 문제는 당사자들의 판단에만 맡길 것이 아니라 교회의 세심한 지도와 공적인 법적 절차를 반드시 따라야 한다.[101] 교회 차원에서 그 부부의 상황이 이혼 사유에 해당되는지, 바울의 신학적 사고를 본받아 여러 측면에서 진단하고 판단해야 한다. 참으로 신중하게 하나님의 인도하심을 구하면서 성도에게 있어 이혼은 최후의 강구책이라고 주지시켜야 한다.

어떤 경우에 재혼할 수 있는가

우리는 성경에서 이혼이 허용되는 경우를 살펴보았다. 여기에서 중요한 사실은 이혼이 허용되는 경우가 곧 재혼이 허용되는 경우라고 말할 수는 없다. 성경은 이혼하더라도 되도록 혼자 지낼 것을 권면하고 심지어 다시 화해하라고 권면한다.

> 10결혼한 자들에게 내가 명하노니 (명하는 자는 내가 아니요 주시라)
> 여자는 남편에게서 갈라서지 말고 11(만일 갈라섰으면 그대로 지내든
> 지 다시 그 남편과 화합하든지 하라) 남편도 아내를 버리지 말라 _고전 7:10-11

★

101) 웨스트민스터 신앙고백서 24장 6절 참고.

고린도 교회 성도들을 향한 바울의 권면이다. 부득이한 경우에 이혼은 허용하되 재혼에 대해서는 엄격하게 규제하고 있다. 그것도 명하는 자가 자신이 아니라 주님이심을 언급하면서 말이다. 혹시 이혼하더라도 그대로 지내든지 다시 그 배우자와 화합하라고 권면한다. 문란한 고린도 사람들의 특성상 이혼한 후에 신앙이 약해지면 아마도 다른 사람과 재혼하기를 반복할 위험성이 있기 때문에 그렇게 말한 것이 아닐까?

예수님 역시 재혼을 엄격하게 규제하셨다. "이르시되 누구든지 그 아내를 버리고 다른 데에 장가 드는 자는 본처에게 간음을 행함이요 / 또 아내가 남편을 버리고 다른 데로 시집 가면 간음을 행함이니라"(막 10:11-12). 병행 본문인 마태복음 19장에서는 예외 조항을 두신다. "내가 너희에게 말하노니 누구든지 음행한 이유 외에 아내를 버리고 다른 데 장가 드는 자는 간음함이니라"(9절). 즉, 배우자가 음행할 경우를 재혼할 수 있는 조건으로 두신 것이다.

그리고 또 하나의 경우가 있다. 배우자가 사망했을 경우에 다른 사람과 재혼할 수 있다고 말한다.

> 2남편 있는 여인이 그 남편 생전에는 법으로 그에게 매인 바 되나 만
> 일 그 남편이 죽으면 남편의 법에서 벗어나느니라 3그러므로 만일 그
> 남편 생전에 다른 남자에게 가면 음녀라 그러나 만일 남편이 죽으면
> 그 법에서 자유롭게 되나니 다른 남자에게 갈지라도 음녀가 되지 아

니하느니라 _롬 7:2-3

이 본문이 말하는 바는 배우자가 살아 있는 한 결혼한 사실이 여전히 유효하기 때문에 이혼하고 다른 사람과 재혼하더라도 그것은 간음이라는 뜻이고, 배우자가 사망한 후에는 재혼해도 간음이 되지 않는다는 뜻이다. 그러니까 배우자의 죽음이 다른 사람과 재혼할 수 있는 조건이다. 결혼식 당일에 우리가 혼인 서약할 때도 "죽음이 우리를 갈라놓을 때까지" 서로를 사랑하며 섬기겠다고 하나님 앞에서 엄숙히 서약했을 것이다. 따라서 배우자가 살아 있는 한 이혼을 하고 다른 사람을 만나 재혼하는 건 원칙적으로 허용되지 않는다.

종합해 보면, 재혼할 수 있는 조건은 두 가지로 정리된다. 배우자가 음행[102]할 경우와 배우자가 사망할 경우이다. 전자는 배우자와 다시 화합(재결합)할 수 있는 일말의 가능성이 있지만 후자는 불가항력이고 완전한 이별이다. 성경의 전체적인 맥락은 앞에서 다룬 것처럼, 비록 배우자가 음행을 했더라도 그(녀)의 참된 회개를 유도하여 관계 회복을 위해 최대한 노력해 봐야 한다. 이런 맥락에서 보면 재혼할 수 있는 가장 확실한 조건은 배우자가 사망한 경우이다.

성경은 왜 이런 원칙을 말하고 있을까? 내가 보기에 두 가지로 요약할 수 있다. 첫째, 하나님은 한 남자와 한 여자가 결혼하도록 설정

★

102) 엄밀히 정의하면, 간음을 포함하는 좀 더 포괄적인 용어이지만 사실상 '간음'이라는 뜻으로 사용했다.

하셨고[103] 그 부부가 살아 있는 한 이 결혼 언약에 특별한 의미를 부여하시기 때문이다. 하나님 앞에서 서약하고 맺어진 결혼 언약이 영원한 실체(그리스도와 교회의 관계)를 담아내는 가장 확고한 그림자인데, 부부가 모두 살아 있는 한 그 언약의 효력은 계속된다. 마치 신랑 되신 그리스도께서 신부 된 교회를 절대 버리시지 않는 것과 비슷한 이치이다. 그래서 이혼을 하더라도 배우자(전부 또는 전처)가 '살아 있는 한' 이전에 맺었던 결혼 언약이 하나님 앞에서는 유효한 채로 남아 있는 것 같다. (그래서 사도 바울이, 갈라섰으면 그대로 지내든지 다시 화합하라고 권면했을지도 모른다.) 이런 상태에서 다른 사람을 만나 재혼하게 되면 또다시 결혼 언약을 맺는 것인데, 이것은 '한 남자와 한 여자'가 결혼하도록 정하신 하나님의 뜻에 위배된다. 하나님 보시기에는 이혼한 배우자가 두 명과 동시에 결혼 언약을 맺는 것처럼 된다. (하나님이 그들의 '이혼'을 받아들이지 않으신다는 전제 하에서 말이다.) 그러므로 배우자의 죽음만이 재혼할 수 있는 가장 확실한 조건이다.

둘째, 배우자의 죽음 이후에 결혼 언약의 기능이 종료되기 때문이다. 사실 첫째 이유를 다르게 표현한 것이다. 성도의 결혼은 영원한 실체를 보여 주는 그림자이기에 죽은 배우자가 영원한 '신랑' 곁으로 떠나면, 부부 중 어느 한쪽만으로는 더 이상 그리스도와 교회의 신비적

★

103) 결혼 구절인 창세기 2장 24절에 나오는 "남자"와 "아내"가 모두 단수로 되어 있다. 안드레아스 쾨스텐버거 외, 『성경의 눈으로 본 결혼과 가정(보급판)』, 44-45를 참고하라.

연합을 나타낼 수가 없다. 따라서 배우자가 죽으면 이제 결혼 언약의 기능이 종료되고 그 법에서 자유롭게 되어 재혼이 가능해진다.

부활과 관련시켜 좀 더 거대 담론에서 본다면, 죽음을 기점으로 부부간의 결혼 언약이 종료되어야 하는 필연적인 이유가 있다. 하나님 나라가 완성되는 부활의 때에는 더 이상 장가도 안 가도 시집도 안 가는 상태가 된다(마 22:30). 즉, 더 이상 결혼 제도가 존재하지 않는다. 왜냐하면 완전하고 영원한 결혼의 실체(그리스도와 교회의 신비적 연합)가 도래하기 때문이다. 그때가 되면 모든 성도들이 하나님을 아버지로 모시고 문자 그대로 '형제자매'로서만 존재하게 된다. 이 땅의 모든 혈연관계를 비롯하여 남편과 아내의 관계가 다 사라지고 오직 영원한 신랑되신 그리스도의 신부로서만 존재하게 된다. 그러므로 이 땅에서 남편과 아내로 맺어진 결혼 언약은 일시적인 그림자이어야 하고 죽음 이후에 그 언약의 기능이 종료되어야지 주님이 말씀하신 부활 때의 모습이 이루어진다. 그렇지 않고 죽음 이후에도 결혼 언약이 계속된다고 하면 부활 때에 가족 관계(특히 재혼 부부)에 대혼란이 일어날지도 모른다.

재혼에 대한 현실적인 문제들

성경이 허용하는 재혼 가능한 사유가 아닌데도 재혼해서 사는 부부들이 존재한다. 교회 안에도 그런 부부들이 꽤 많이 있다. 그러니까 전부(前夫) 또는 전처(前妻)가 음행을 하지 않았는데도, 또 사망한 것이 아닌데도 다른 이유로 이혼하고 재혼하는 경우가 존재한다. 배우자의 상습적인 폭행이나 도박, 마약 등으로 부득이하게 이혼하고 다른 사람을 만나 새로운 인생을 살아가는 경우가 있다. 심지어 '엑셀 이혼'이나 성격 차이 같은 큰 문제가 아닌(?) 걸로 이혼하고 재혼하는 경우도 있다. 이런 경우에 어떻게 이해해야 하는가?

엄밀하게 말하면 그런 사람들은 재혼에 대한 성경의 원리를 위배한 것이다. (정죄하려는 의도가 아니니 절대 오해하지 마시라.) 그렇다고 해서 재혼한 배우자를 버리고 또다시 그냥 혼자 살 수 없는 노릇이다. 심지어 다시 이혼하고 이전에 결혼했던 그 사람과 재결합하는 것은 더더욱 비현실적이다. 오히려 "이 일은 여호와 앞에 가증한 것이라"(신 24:4)고 성경은 말한다.

사실 이 부분에 대해서 쉽게 판단하고 조언할 수 있는 것은 아니다. 이 분야를 전문적으로 연구하는 학자들 사이에도 일치되는 견해가 없다. 그럼에도 성경에 기초하여 현실적인 문제를 고려하면서 가장 무난하다고 생각되는 견해를 제시하고 싶다. 우선 성경에서 그런 경우에 해당하는 인물을 찾아보면 요한복음 4장에 나오는 사마리아 여인이다. 그녀가 물을 길으러 왔을 때 예수님이 "물을 좀 달라"(7절)고 요청하셨다. 평소에 유대인은 사마리아인과 상종하지 않는데 유대인인 예수님이 자신에게 그런 요청을 하시는 걸 보고 의아해했다. 예수님이 그녀에게 진정한 생수가 무엇인지 강론하시며 "가서 네 남편을 불러

오라"(16절)고 말씀하시자 그녀와 예수님의 답변은 이렇게 진행된다.

> 17여자가 대답하여 이르되 나는 남편이 없나이다 예수께서 이르시되
> 네가 남편이 없다 하는 말이 옳도다 18너에게 남편 다섯이 있었고 지
> 금 있는 자도 네 남편이 아니니 네 말이 참되도다 _요 4:17-18

무슨 사연인지 모르지만 여인의 과거가 좀 복잡해서 5명의 남편이 거쳐 갔다. 심지어 같이 살고 있는 남자는 법적인 남편이 아닌 것으로 보인다. 여하튼 예수님의 표현("너에게 남편 다섯이 있었고")을 고려할 때 이미 여러 번 재혼한 그 남자들을 남편으로 인정해 주신 것으로 보인다. 물론 인정해 주셨다고 해서 죄가 아니라는 뜻은 아니다. 사마리아 여인에게 무슨 사연이 있었는지 함부로 판단할 수 없지만, 율법에 어긋나는데도 이혼하고 재혼하기를 여러 번 반복함으로 죄를 지은 것이다. (사실 그 여인을 버렸던 전 남편들이 더 큰 죄인이다.) 그럼에도 예수님은 여인의 이혼 경력과 이전의 재혼 상태를 책망하지 않으시고 있는 그대로 인정해 주셨다. 물론 법적 절차를 거치지 않고 같이 사는 현재 남자에 대해서는 남편이 아니라고 하셨지만.

우리는 사마리아 여인의 경우를 통해 교회 현실에 존재하는 재혼 부부들에 대해 어떤 태도를 가져야 하는지 알 수 있다. 율법에 어긋나는 그녀의 과거 재혼 상태를 예수님이 있는 그대로 인정해 주신 것처럼, 성경의 가르침을 위반한 부부들의 재혼 상태를 우리도 있는 그대

로 인정해 주어야 한다. 예수님이 사마리아 여인을 정죄하지 않으신 것을 볼 때 그러한 재혼 부부들을 정죄할 권리가 우리에게는 없다. 그들이 비록 성경에 맞지 않는 결정으로 재혼을 했지만, 하나님 앞에서 또다시 엄숙히 서약함으로 둘 사이에 결혼 언약을 맺었다. 조심스럽지만 나는 이 지점에서 이렇게 표현하고 싶다. 하나님이 이혼한 배우자의 이전 결혼 언약을 깨뜨리시고 재혼하는 커플의 언약을 인정하시고 새롭게 맺어 주신다고 말이다. 결혼 언약을 만드신 하나님만이 그것을 깨뜨리실 권리가 있다.[104)]

한번 맺은 언약의 지속성을 고려할 때, 이전 배우자가 살아 있는 상태에서 재혼하는 커플이 또다시 맺는 결혼 언약은 불가능한 것처럼 보인다. 그럴지라도 그리스도 안에서 그들을 용서하시고 다시 거룩하게 하시는 하나님의 은혜가 그들에게 적용되어, 그들이 하나님 앞에서 서약한 결혼 언약을 하나님이 인정해 주신다고 생각한다. 하나님은 특별한 의미를 부여하여 결혼 언약을 만드셨지만, 그렇다고 신랑 되신 그리스도와 신부 된 교회 사이의 영적 결혼 언약과 그것을 완전히 동일하게 여기시지는 않는다. 우리의 결혼 언약은 영원한 실체의 그림자일 뿐이다. 따라서 한번 맺어진 결혼 언약이 이혼한 배우자가 살아 있는 한 평생 유효하기 때문에, 다른 사람과 재혼하는 건 무조건 불법이라고 극단적으로 주장해서는 곤란하다.

★

104) 존 파이퍼, 『결혼 신학』, 221.

재혼이 능사는 아니다

이혼한 사람이 새로운 사람을 만나 재혼하면 좋을 것 같지만 반드시 그런 것도 아니다. 나는 이혼 가정에서 자랐다. 초등학교 때 어머니가 가출했는데 혼자 살기 힘드셔서 다른 남자를 만나 새로운 인생을 살고 계셨다. 그런데 이게 어찌된 일인지 전 남편과 거의 비슷한 사람을 만나 또다시 고생스러운 여생을 보내셨다. 술에 찌들어 폭언을 일삼는 둘째 남편 때문에 돌아가실 때까지 고생이 이만저만이 아니었다. 가끔 사이가 좋아 보일 때도 있었지만 성인이 된 아들이 보기에는 그냥 맞추고 사시는 것뿐이었다. 그나마 다행히 어머니가 나중에 예수님을 믿게 되어 천국 소망을 품고 눈을 감으셨다.

사도 바울은 이혼한 성도들에게 "그냥 지내는 것"이 좋다고 권면한다(고전 7:26). 재혼해도 잘하는 것이지만 그대로 지내는 것이 더 잘하는 것이고 더욱 복이 있다고까지 말한다(7:40). 물론 바울이 그렇게 말하는 것은 환난이 임박해지고 있다는 믿음 때문이었다. 그가 생각하는 "임박한 환난"은 1세기 당시 상황을 고려할 때 로마 제국이 조만간 성도들을 대대적으로 박해하는 현상을 가리킨다.[105] 그런 상황이 온다고 생각한다면 이혼한 성도들이 굳이 재혼해서 배우자를 기쁘게 하는 데

★

105) 그랜트 오스본 편, 『LAB 주석 시리즈: 고린도전서』, 김일우 옮김 (서울: 한국성서유니온선교회, 2002), 177.

힘을 쏟기보다는, 하나님 나라와 복음을 위해 더욱 힘쓰는 것이 잘하는 일이라고 말한다.

그러한 바울의 신학적 사고를 우리에게도 적용해 볼 수 있다. 오늘날에는 특정 국가들을 제외하면 바울이 말하는 "임박한 환난" 같은 건 없을지도 모른다. 그럼에도 주님의 재림이 가까워지고 있음에 따라 세상의 환난이 조만간 임박해질 수 있다는 믿음으로, 재혼보다는 하나님 나라와 복음에 더욱 힘을 쏟을 수 있다. 다시 결혼해서 새로운 배우자와 행복을 누리는 것도 잘하는 일이지만, 재혼하지 않고 영원한 신랑 되신 주님만을 의지하며 세상을 새롭게 하는 일에 여생을 바치는 것은 더욱 잘하는 일이다.

어떻게 할지는 이혼한 성도들 스스로가 기도하면서 결정하면 된다. 주변의 압력과 눈치에 떠밀려 재혼하는 일은 바람직하지 못하다. 표현이 조금 경박스럽게 들리겠지만, 하나님께서 '돌싱'으로 부르신 목적을 진지하게 생각해 보는 것도 나쁘지 않다. 물론 기도하는 가운데 재혼에 대한 마음이 생겨 앞으로 새로운 배우자와 함께 하나님 나라와 복음에 더욱 헌신하는 것도 정말 잘하는 일이다. 어느 쪽이 최선인지는 성령의 인도하심을 따라 스스로 분별해 가면 된다.

언젠가 우리는 혼자 남는다

결혼해서 아무리 행복하게 살아도 우리는 언젠가 혼자 남는다. 순서가 다를 뿐이지 언젠가는 배우자를 먼저 보내고 인생을 홀로 살아야 한다. 이런 차원에서 보면 결혼을 하든, 이혼을 하든, 재혼을 하든 결국에는 우리 모두가 영원한 신랑 되신 주님만 신뢰하면서 홀로서기를 해야 한다. 세간(世間)에서는 '결혼'이라는 말을 '결국 혼자다!'라는 뜻으로 이해하는데 그러고 보니 통찰력이 있어 보인다.

결혼하지 않고 처음부터 혼자 인생을 사는 성도들도 있다. 충분히 결혼할 수 있는데도 바울처럼 하나님 나라와 교회를 위해 특별한 사명을 가지고 싱글로 살아가는 사람들도 있다. 정말 칭찬받아야 할 분들이다. 예수님의 말씀대로 "천국을 위하여 스스로" 고자 된 자들이다(마 19:12). 즉, 남자든 여자든 성적인 욕구를 절제하며 하나님 나라에 온전히 헌신한다는 의미이다. 하지만 별 생각 없이 그냥 매이기 싫어서 혼자 살아가는 '비혼주의자'는 주님 보시기에 별로 바람직하지 않다.

우리는 성도의 결혼을 참으로 소중히 여겨야 하지만 '결혼주의'에 빠져서는 안 된다. 그러니까 결혼하지 않은(또는 못한) 성도들이 무슨 문제가 있는 것처럼 매도하고, 그들의 신앙을 결혼 여부에 따라 평가해서는 안 된다는 뜻이다. 내 지인들 중에도 평생 독신으로 살면서 하나님 나라와 복음을 위해 변함없이 헌신하는 분들이 있다. 이미 환갑이 넘은 나이인데도 다들 전심으로 주님을 신뢰하며 영원한 그 나라를 사모함으로 인생을 보내고 있다. 이런 분들은 비록 육신의 배우자는 없지만, 완전한 신랑 되신 주님을 사랑하며 그리스도와 교회의 신비적 연합을 또 다른 방식으로 증거하고 있다. 어쩌면 결혼한 우리보다 더욱 직접적인 방식으로 그 일을 수행하는지도 모른다.

아무쪼록 언젠가는 우리가 혼자 남게 된다는 사실을 기억해야 한다. 그렇기 때문에 현재 인생을 함께하고 있는 배우자를 더욱 사랑하고 섬겨야 한다. 앞서 언급했듯이 '영원하지 않기에 소중한 당신'이라는 생각으로 죽음이 둘 사이를 갈라놓을 때까지 서로를 아끼고 사랑해야 한다. 그리고 누가 먼저 될지 모르지만 하나님의 부르심을 받게 되면, 그때부터는 문자 그대로 하나님 한 분만으로 행복해하는 여생을 보내야 한다. 재혼하기보다는 하나님 나라와 복음을 위해 온전히 헌신하면서 주님의 다시 오심을 간절히 기다리며 남은 인생을 살아가면 좋겠다. 그러다가 우리도 하나님이 부르시면 마침내 '낙원'에서 배우자를 다시 만나게 될 것이다.

나눔과 적용을 위한 질문

1. 배우자 때문에 이혼하고 싶은 마음은 없었는가? 물론 있었을 것이다. 그 이유가 무엇이었는지 곰곰이 생각해 보라.

2. '엑셀 이혼'과 같은 현상이 왜 일어난다고 생각하는가? 주변에 그런 이유로 이혼하려는 부부가 있다면 무슨 말을 해 주고 싶은가?

3. 믿지 않는 배우자 때문에 고통받는 성도가 있다면 어떻게 위로하고 조언하고 싶은가?

4. 언젠가는 혼자 남게 된다는 걸 생각해 본 적이 있는가? 그 순간이 오기 전에 어떤 마음가짐과 태도로 배우자와 남은 인생을 보내고 싶은가?

완전한 그날을 꿈꾸며

하나님이 우리에게 말씀하시고 우리가 하나님을 말하는 것이 '신학'이다. 그래서 '부부 신학'이란, 예수님을 믿는 남편과 아내가 일상 중에 하나님을 말하고 또 하나님이 그 둘에게 말씀하시는 바를 경청하는 것이다. 크리스천 부부는 세상의 그들과는 구별되는 존재이다. 그들은 이 세상에서 최대한 행복하게 살다가 죽음이 그 둘을 갈라놓으면 더 이상 소망이 없어진다. 사실 죽음이야말로 세상의 부부들에게 가장 슬프고 두려운 대상이다.

하지만 그들이 두려워하는 죽음이 우리에게는 영원하고 완전한 '신랑'을 대면하는 하나의 과정일 뿐이다. 그날이 되면 우리는 지상에서 경험한 결혼 언약의 실체를 목도하게 될 것이다. 기쁠 때나 슬플 때나, 강건하거나 병들거나, 부유하거나 가난하게 되는 모든 경우에도 서로 사랑하며 부부의 신의를 굳게 지켜 냈던 그 서약이 이제는 영원한 신랑 되신 그분에게 향하고 있음을 깨닫게 될 것이다. 거기에서는 더 이상 슬픔도 고통도 죽음도 없고, 완전한 신랑께서 거룩한 신부 된 우리 모두를 지극히 사랑하시는 행복만이 충만할 것이다.

그러나 아직 끝이 아니다. 죽음 이후에 우리 영혼이 들어가 있는 '낙원'에서는 완전한 신랑과 함께 우리가 최종적인 부활을 기다리게 될 것이다. 태초에 하나님께서 만드신 아름다운 그 에덴이 이 땅에 회복되고 완성되는 그날을, 한때 인생의 동반자로 함께했던 그(녀)와 함께 학수고대하며 지켜볼 것이다. 주님의 재림과 함께 우리 모두는 영광스러운 부활의 몸으로 변화되어, 완전히 새로워진 하나님 나라(천국)에서 그분의 완전하고 거룩한 신부로서 영원토록 그분과 함께 끝없는 행복 속에서 살아갈 것이다.

이 땅의 모든 남편과 아내들이여, 그날이 기대되지 않는가? 부부로서 함께하는 인생을 그날이 오게 하는 일에 온전히 드리고 싶지 않은가? 하나님이 당신과 배우자를 하나님 나라의 사명자 커플로 부르셔서 서로 사랑하게 하신 그 고귀한 목적을 깊이 깨닫기를 바란다.

저자 권율 목사

참고 문헌

성경

『새한글성경』. 서울: 대한성서공회, 2024.

『성경전서 개역개정판』. 서울: 대한성서공회, 2005.

『성경전서 새번역』. 서울: 대한성서공회, 2001.

『우리말 성경』. 서울: 두란노서원, 2014.

Biblia Hebraica Stuttgartensia. With Werkgroep Informatica, Vrije Universiteit Morphology; Bible. O.T. Hebrew. Werkgroep Informatica, Vrije Universiteit. Logos Bible Software, 2006.

Novum Testamentum Graece. Edited by Barbara Aland, Kurt Aland, Johannes Karvidopoulos, Carlo M. Martini, and Bruce M. Metzger, 28th ed. Stuttgart: Deutsche Bibelgesellschaft, 2012.

The Holy Bible. English Standard Version. Wheaton: Crossway Bibles, 2016.

The Holy Bible. New American Standard Bible. La Habra, CA: The Lockman Foundation, 1995.

The Holy Bible. New International Version. Grand Rapids, MI: Zondervan, 2011.

The Holy Bible. New King James Version. Nashville: Thomas Nelson, 1982.

The New Testament in the Original Greek: Byzantine Textform. Edited by Maurice A. Robinson and William G. Pierpont. Southborough, MA: Chilton Book Publishing, 2005.

국내서

강병도 편. 『카리스 종합주석 제51권: 전도서, 아가』. 서울: 기독지혜사, 2014.

권기현. 『예배 중에 찾아오시는 우리 하나님』. 경산: 도서출판 R&F, 2019.

권율. 『간증의 재발견 시리즈 5. 전능자의 손길』. 서울: 세움북스, 2024.

____. 『연애 신학』. 서울: 샘솟는기쁨, 2020.

길성남. 『에베소서 어떻게 읽을 것인가』. 서울: 한국성서유니온, 2005.

김기현. 『공감적 책읽기』. 서울: SFC, 2007.

김세윤. 『고린도전서 강해(개정판)』. 서울: 두란노, 2008.

_____. 『하나님이 만드신 여성』. 서울: 두란노, 2004.

김유숙. 『가족상담(3판)』. 서울: 학지사, 2015.

김주환. 『회복탄력성』. 고양: 위즈덤하우스, 2011.

배정훈, 우병훈, 조윤호. 『교부신학프로젝트 02. 초대 교회와 마음의 치료』. 군포: 다함, 2022.

송병현. 『엑스포지멘터리 창세기』. 서울: 국제제자훈련원, 2010.

송웅달. 『900일간의 폭풍 사랑』. 서울: 김영사, 2007.

신국원. 『신국원의 문화 이야기』. 서울: 한국기독학생회출판부, 2002.

양용의. 『마태복음 어떻게 읽을 것인가(개정판)』. 서울: 한국성서유니온선교회, 2018.

정민교. 『간증의 재발견 시리즈 3. 빛 가운데로 걸어가면』. 서울: 세움북스, 2023.

한정건. 『대한예수교장로회고신총회 설립 60주년 기념: 성경주석 창세기』. 서울: 고신총회출판국, 2016.

황영철. 『이 비밀이 크도다』. 의정부: 드림북, 2017.
황지영. 『사이좋은 부모생활』. 서울: 아르카, 2022.

▦ 번역서

김학모 편역. 『개혁주의 신앙고백』. 서울: 부흥과개혁사, 2015.
라헤이, 팀, 비벌리 라헤이. 『결혼행전』. 김인화 옮김. 서울: 생명의말씀사, 2005.
루이스, C. S. 『네 가지 사랑』. 이종태 옮김. 서울: 홍성사, 2019.
바우마이스터, 로이 F. 『소모되는 남자』. 서은국, 신지은, 이화령 옮김. 서울: 시그마북스, 2015.
에드워즈, 조나단. 『아메리카 P&R 시리즈 2. 신앙과 정서(개정역판)』. 서문강 옮김. 서울: 지평서원, 2009.
오스본, 그랜트 편. 『LAB 주석 시리즈: 고린도전서』. 김일우 옮김. 서울: 한국성서유니온선교회, 2002.
오틀런드, 레이. 『결혼과 복음의 신비』. 황의무 옮김. 서울: 부흥과개혁사, 2017.
월트키, 브루스. 『NICOT 잠언 I』. 황의무 옮김. 서울: 부흥과개혁사, 2020.
채프먼, 게리. 『5가지 사랑의 언어』. 장동숙, 황을호 옮김. 서울: 생명의말씀사, 2010.
켈러, 팀. 『팀 켈러, 결혼을 말하다』. 최종훈 옮김. 서울: 두란노, 2014.
쾨스텐버거, 안드레아스, 데이비드 존스. 『성경의 눈으로 본 결혼과 가정(보급판)』. 윤종석 옮김. 서울: 아바서원, 2024.
파이퍼, 존. 『결혼 신학』. 이은이 옮김. 서울: 부흥과개혁사, 2010.
프레임, 존. 『존 프레임의 조직신학』. 김진운 옮김. 서울: 부흥과개혁사, 2017.
휘트, 에드, 게이 휘트. 『즐거움을 위한 성』. 권영석, 송경숙 옮김. 서울: 한국기독학생회출판부, 2000.

▦ 국외서

Bauer, Walter. *A Greek-English Lexicon of the New Testament and Other Early Christian Literature,* Revised and edited by Frederick William Danker, 3rd. ed. Chicago: The University of Chicago Press, 2000.
Hamilton. Victor P. *The Book of Genesis, Chapters 1-17.* NICOT. Grand Rapids, MI: William B. Eerdmans Publishing Company, 1990.
Matthews, Victor Harold, Mark W. Chavalas, and John H. Walton. *The IVP Bible Background Commentary: Old Testament.* Electronic ed. Downers Grove, IL: InterVarsity Press, 2000.
Osborne, Grant R. *Revelation.* BECNT. Grand Rapids, MI: Baker Academic, 2002.
Wichern, Sr., F. B. "Family Systems Therapy," in *Baker Encyclopedia of Psychology & Counseling.* Edited by David G. Benner and Peter C. Hill. Baker reference library. Grand Rapids, MI: Baker Books, 1999.

▦ 웹 자료

국립국어원. "권태". 『국립국어원 표준국어대사전』. https://stdict.korean.go.kr/search/searchView.do?word_no

=397262&searchKeywordTo=3 (2024년 12월 17일 검색).
김경미. "2023년 혼인 이혼 통계". 『통계청 누리집』. 2024년 3월 19일. https://www.kostat.go.kr/board.es?mid=a10301010000&bid=204&act=view&list_no=429995.
김혜영. "'예비신랑' 조세호, 반반결혼 트렌드에 고개 갸웃 "엑셀은 좀…"(유퀴즈)". 『iMBC연예』. 2024년 9월 5일. https://enews.imbc.com/News/RetrieveNewsInfo/429040.
네이버 VIBE. "예수 나의 첫 사랑 되시네". 「예수전도단 Campus Worship」. https://vibe.naver.com/track/3037159 (2024년 12월 17일 검색).
두산백과. "일중독증". 『네이버 지식백과』. https://terms.naver.com/entry.naver?cid=40942&docId=1225432&categoryId=32783 (2024년 12월 17일 검색).
송민원. "하나님의 여성성을 나타내는 "라함(םחר)"에 대한 묵상". Institute for Biblical Preaching. 2021년 8월 25일. https://ibp.or.kr/wordspostachio/?bmode=view&idx=7632817.
오상훈. ""배우자가 이유 없이 짜증난다"… 부부 10명 중 6명 겪는 '권태기' 극복 비결 물어보니". 『헬스조선』. 2024년 4월 17일. https://health.chosun.com/site/data/html_dir/2024/04/16/2024041602351.html.
유경상. "이혼 변호사 최유나 "살인자 피고 무서워, 치약·분리수거 탓 이혼 많아"". 『뉴스엔미디어』. 2022년 10월 26일. https://www.newsen.com/news_view.php?uid=202210260532061710#google_vignette.
조유경. "돌싱男女 이혼 원인 물어보니…성격·외도 아닌 바로 '이것'". 『동아일보』. 2024년 5월 11일. https://www.donga.com/news/article/all/20240511/124891050/2.
추영. "반반결혼, 엑셀이혼…요즘 부부들이 사는 법". 『웨딩TV』. 2024년 2월 16일. https://www.wedd.tv/news/articleView.html?idxno=8533.
한국민족문화대백과. "칠거지악". 『네이버 지식백과』. https://terms.naver.com/entry.naver?cid=46635&docId=530115&categoryId=46635 (2024년 12월 17일 검색).
BrainyQuote. "A. P. Herbert Quotes." Accessed December 17, 2024. https://www.brainyquote.com/quotes/a_p_herbert_106679.
Oscar Wilde online. "A Woman of No Importance." Accessed December 17, 2024. https://www.wilde-online.info/a-woman-of-no-importance-page12.html.